PROFESSION : VENDEUR

Vendez plus... et mieux !

Les Éditions
TRANSCONTINENTAL inc.
1100, boul. René-Lévesque Ouest,
24ᵉ étage
Montréal (Québec) H3B 4X9
Tél. : (514) 392-9000
1 800 361-5479

Fondation de l'Entrepreneurship
160, 76ᵉ rue Est
Bureau 250
Charlesbourg (Québec) G1H 7H6
Tél. : (418) 646-1994
1 800 661-2160

La Collection *Entreprendre* est une initiative conjointe de la Fondation de l'Entrepreneurship et des Éditions TRANSCONTINENTAL inc.

Données de catalogage avant publication (Canada)
    Lalande, Jacques 1955-
    Profession : vendeur – Vendez plus... et mieux! (Collection *Entreprendre*)
    Publié en collaboration avec la Fondation de l'Entrepreneurship.
    ISBN 2-89472-008-4
    1. Vente. 2. Clientèle. 3. Budgets temps. 4. Télémarketing. I. Fondation de l'entrepreneurship. II. Titre. III. Collection : *Entreprendre* (Montréal, Québec).

HF5438.25.L34 1995   658.8'1   C95-941725-7

Révision :
    Pierre Phaneuf

Correction d'épreuves :
    Lyne M. Roy

Photocomposition et mise en pages :
    Ateliers de typographie Collette inc.

Illustrations :
    Martine Roy

Dépôt légal – 4ᵉ trimestre 1995
Bibliothèque nationale du Québec
Bibliothèque nationale du Canada

ISBN 2-89472-008-4   (Les Éditions)
ISBN 2-921681-20-X   (La Fondation)

Jacques Lalande

PROFESSION : VENDEUR
Vendez plus... et mieux !

Les Éditions
TRANSCONTINENTAL inc.

Fondation de
l'Entrepreneurship

Fondation de
l'Entrepreneurship

La Fondation de l'Entrepreneurship oeuvre au développement économique et social en préconisant la multiplication d'entreprises capables de créer l'emploi et favoriser la richesse collective.

Elle cherche à dépister les personnes douées pour entreprendre et encourage les entrepreneurs à progresser en facilitant leur formation par la production d'ouvrages, la tenue de colloques ou de concours.

Son action s'étend à toutes les sphères de la société de façon à promouvoir un environnement favorable à la création et à l'expansion des entreprises.

La Fondation peut s'acquitter de sa mission grâce à l'expertise et au soutien financier de quelques organimes. Elle rend un hommage particulier à ses quatre partenaires :

et remercie ses sept premiers gouverneurs :

À tous les enfants du monde.

REMERCIEMENTS

La réalisation de cet ouvrage n'aurait pu être possible sans la précieuse collaboration de plusieurs personnes. Mentionnons tout d'abord Chantal Perreault et Maryse Renaud, qui ont uni leurs efforts pour mettre sur traitement de texte la première version du manuscrit. André Bergeron, professeur de bureautique, qui m'a dépanné à de nombreuses reprises lorsque j'avais des problèmes avec mon ordinateur. Sylvie Laferté (auteure de *Comment trouver son idée d'entreprise : découvrez les bons filons*, Collection *Entreprendre*, Les Éditions TRANSCONTINENTAL inc. et Fondation de l'Entrepreneurship, 1992.), Esther Leduc et Mona Roy qui, faisant partie du comité de lecture, ont permis d'enrichir le contenu de l'ouvrage par leurs précieux conseils. Enfin, Raynald Lavoie, qui nous a permis d'améliorer le cadre théorique du livre.

Note de l'auteur

En raison de l'amour qu'il porte aux enfants, l'auteur remettra toutes les sommes rattachées aux droits d'auteur à un organisme venant en aide aux enfants.

TABLE DES MATIÈRES

Avant-propos 15

Introduction 17

Chapitre 1 ◆ La vente 21
L'historique et les types de vendeurs 22
Les facteurs de succès : mythes ou organisation 26
Les qualités d'un gagnant 34
Les 5 enjeux du vendeur 36
Vendre, c'est communiquer 38

Chapitre 2 ◆ La recherche de clients 43
Les étapes de la recherche de clients 44
Client potentiel ou client éventuel ? 46
Qualifier les clients éventuels 46
Les systèmes de recherche de clients 48
L'importance de la recherche de clients 51
Les objectifs de vente 52

Chapitre 3 ◆ L'entrevue de vente 57
Obtenir l'entrevue : un coup de fil 58
Préparer l'entrevue 63
L'approche 73
L'identification des besoins 80
La présentation de vente 85

**Chapitre 4 ◆ Les objections et la fermeture
de la vente** 93
Les excuses ou les objections 94
La réponse aux objections 97
La fermeture de la vente 105

Chapitre 5 ◆ S'organiser : mieux gérer son temps 107
La gestion de son temps 108

Quelques trucs 108
Le temps : un actif ou un prétexte à l'échec? 110
Le rendement ou les excuses 114

Chapitre 6 ◆ Le télémarketing 115

Le télémarketing ou la vente par téléphone 116
Un mot sur la vente par téléphone 116
Les qualités du vendeur par téléphone 117
Les 8 étapes vers la réussite 120
Le cœur du sujet : l'appel 129

Conclusion 135

Bibliographie 137

LISTE DES FIGURES

Figure 1.1 Les 10 mythes de la vente 28

Figure 1.2 Modèle d'efficacité de vente de Weitz 33

Figure 1.3 Les 5 enjeux du vendeur 37

Figure 1.4 Modèle de communication inspiré du modèle
de Schramm 39

Figure 2.1 Fiche synthèse 45

Figure 2.2 Comptabilisation des résultats mensuels 53

Figure 2.3 Objectifs de revenu annuel 54

Figure 2.4 Contrôle des objectifs 55

Figure 3.1 Aide-mémoire : obtention de rendez-vous 61

Figure 3.2 Aide-mémoire : objections 62

Figure 3.3 Formule de contrôle des résultats 63

Figure 3.4 La grille vendeur 66

Figure 3.5 La grille client 67

Figure 3.6 Modèle du processus d'achat 69

Figure 3.7 Les échelons à gravir 86

Figure 4.1 Idées de réfutations aux objections 103

Figure 5.1 L'utilisation du temps des vendeurs
industriels 111

AVANT-PROPOS

I l se trouve bien des gens pour affirmer que les bons vendeurs sont une denrée rare et que, dans tout type d'organisation, le personnel au complet, à commencer par le personnel de direction, doit posséder des habiletés pour la vente parce qu'il s'adonne à cet art ancien presque tous les jours. Il est évident que le futur entrepreneur doit être capable de vendre l'idée qui a germé dans son cerveau et qu'il a l'intention de partager avec ses semblables. S'il veut gagner la confiance de ses partisans et de son entourage, il lui faudra faire valoir ses talents comme organisateur et comme gestionnaire. Une fois son entreprise en marche, il deviendra le meilleur vendeur de son équipe. De même, celui qui aspire à être élu député, maire ou président devra d'abord vendre son programme à ses futurs commettants.

Nous étions particulièrement impatients de mettre cet ouvrage – le premier de la Collection *Entreprendre* sur l'art de la vente – à la disposition de nos habitués, car nous voulons du même coup tenter une expérience.

Nous avons parcouru *Profession : vendeur* et avons été impressionnés par la clarté et la simplicité de cette œuvre originale. Nous en sommes venus à la conclusion qu'après avoir approfondi ce livre, toute personne possédant quelques aptitudes en communication deviendrait rapidement un top vendeur. Jetez un bref coup d'œil sur la table des matières et constatez par vous-même comment il est élémentaire et naturel de vendre un produit ou un service : l'aspirant vendeur n'a qu'à découvrir un client, le convaincre, puis conclure le marché. La simplicité même !

Voici un exemple qui vous touche de près. Vous êtes en train de lire cet avant-propos. Vous êtes donc un client potentiel qui découvre la Collection *Entreprendre*. Prenez garde, si vous continuez cette lecture, vous serez bientôt convaincu que ce livre vous est indispensable. Il ne vous restera d'autre choix que de l'acheter. Vous voilà maintenant propriétaire d'un ouvrage qui vous révélera tous les secrets sur l'art de la vente. Mais attention, il vaut mieux le lire deux fois. Une première lecture rapide pour vous mettre l'eau à la bouche, puis une seconde lecture posée, réfléchie, analysée. C'est au cours de cette deuxième lecture qu'entrera véritablement le métier.

C'est probablement parce que vous êtes un vendeur professionnel que vous avez été amené à feuilleter *Profession : vendeur*. N'allez pas vous imaginer qu'il ne vous apprendra rien de nouveau. La profession de vendeur évolue quasiment au même rythme que l'informatique. Les clientèles, les besoins, les méthodes, les outils, tout change à grande vitesse.

Jacques Lalande, un vendeur dans l'âme, nous « vend » son art qu'est la vente ! Il nous livre avec une grande passion ce qu'il sait faire de mieux. Après avoir été lui-même vendeur pendant de nombreuses années, l'auteur démarre sa propre entreprise de consultation. Conférencier grandement apprécié, il possède plusieurs années d'expérience en gestion d'entreprise et termine actuellement une maîtrise en gestion de PME.

Monique Dubuc
Fondation de l'Entrepreneurship

INTRODUCTION

*Parmi les autres choses que vous avez l'intention
de supprimer de vos résolutions du Nouvel An,
englobez le mot « impossible ».*

Napoleon Hill

Tout le monde vend, et tout se vend ! La vente est vieille comme le monde, et Jean-Marc Chaput n'a-t-il pas dit et écrit que « vivre c'est vendre[1] » ?

Mais qu'est-ce que la vente ?

La vente est l'art d'orienter la décision des gens en faveur de votre produit ou de votre service, en démontrant que les bénéfices qui en découlent vont plus qu'en justifier le coût.

Biens, services, matières premières, produits finis ou semi-finis, œuvres d'art, idées, concepts, cultures, charmes, santé, bonheur... Pour tout ça, il y a un ou des marchés de consommateurs qui veulent en faire l'achat. Vendre, c'est répondre à un besoin... Pour certains, vendre peut être pénible alors que, pour d'autres, il s'agit du plus beau métier du monde. La vente fait jaser et fait parler d'elle.

En pleine crise de l'emploi, les rubriques « Carrières et professions » ou encore les petites annonces proposent toujours des postes de vendeurs. Les bons vendeurs sont rares et difficiles à trouver.

---

1 Chaput, Jean-Marc, *Vivre c'est vendre, pourquoi et comment vendre ?*, Les Éditions de l'homme, Montréal, 1975, 191 p.

Si votre préoccupation fondamentale est de vendre et que vous vous demandez comment vous y prendre pour déclencher l'acte d'achat, ce livre est pour vous. Que vous soyez chef d'entreprise, propriétaire de PME, représentant, commis en magasin ou à la recherche d'un emploi, ce livre est aussi pour vous : c'est garanti, le lire et appliquer ses principes feront en sorte que vous vendrez plus… et mieux. Ce livre se veut une synthèse des techniques destinées à aider les vendeurs et il présente une démarche en six points :

- Suis-je un bon vendeur ou comment le devenir
- Comment trouver des clients et les conserver
- Offrir une bonne performance lors de la présentation
- Répondre aux objections et conclure la vente
- Gérer un actif précieux : son temps
- Maîtriser le télémarketing

Ce livre vous fournira des outils facilitant la triple tâche de vendeur :

- **L'homme de marketing.** Il choisit les produits à offrir, cible la clientèle, détermine les supports à utiliser selon cette clientèle.

- **L'homme de gestion et d'organisation.** Il se prépare et organise la rencontre avec le client, conduit la réunion, donne le service après-vente et maximise la rentabilité de l'emploi de son temps.

- **L'homme de communication.** Si on réduit la vente à sa plus simple expression, on remarquera qu'il s'agit toujours d'une situation où deux parties sont en présence : celle qui propose un service et celle qui en a besoin. L'acte de vente est un échange. Savoir communiquer est primordial.

La vente vous préoccupe et vous intéresse? Ce livre fera de vous un vendeur préoccupé par le marketing et les besoins du client, un vendeur communicateur, organisé et hors pair.

Bonne lecture!

CHAPITRE 1

LA VENTE

Pour réussir, vous devez être au service du client.

Choisissez une approche de vie dynamique ; arrêtez de penser à ce que la vie peut faire pour vous et commencez à penser à ce que vous pouvez faire pour vous-même.

Dᵣ Maxwell Maltz

Pourquoi certains vendeurs réussissent et d'autres pas ?

Suis-je un vendeur gagnant ? Sinon, comment le devenir ?

Dans les pages suivantes, vous découvrirez un court historique de la vente, traçant en quatre étapes distinctes le vrai visage du vendeur de demain, le stratège. De plus, différents types de ventes demandant plus ou moins d'efforts créatifs vous sont présentés. Pour réussir, nous nous en remettons aux mythes de la vente ou nous nous organisons. Êtes-vous ou serez-vous un gagnant ? À vous de jouer !

Réussir est simple : il s'agit de faire ce qu'on aime, de bien le faire et de toujours le faire.

L'HISTORIQUE ET LES TYPES DE VENDEURS

Évolution... Quel beau mot riche en promesses, mais angoissant pour qui veut se tenir à la fine pointe de son art. Tout se bouscule vite, brutalement même. Transport, communications, télécommunications, technologie, perfectionnement : imaginez le rythme auquel le représentant a vécu les 30 dernières années. C'est un véritable défi à la capacité d'adaptation de l'espèce humaine qu'on lui a lancé. Anciens et nouveaux représentants se côtoient, mais d'hier à demain, qu'en est-il de cette profession ? De preneur de commandes à... regardons l'évolution de la profession.

Étape 1
Le preneur d'ordres ou de commandes

Dans une économie où la demande est supérieure à l'offre, le début des années 1950 nous a fait découvrir le vendeur enregistreur de commandes. Il livre la marchandise, dépanne et essaie de satisfaire son client. Il est en position de force et très peu ouvert à la négociation. Unilatéralement, il vend : il a le beau rôle.

Étape 2
Le vendeur défricheur

Le début des années 1960 nous présente le vendeur combatif, indépendant, défricheur. Le représentant de cette époque constitue lui-même son organisation. Il travaille surtout à commissions et sait mettre son pied en travers de la porte. Le vendeur est un mal nécessaire à la croissance de l'entreprise et du système global... On l'endure. La croissance a ses limites, et les techniques ou trucs stéréotypés ne prennent plus. Le vendeur formé « sur le tas » s'essouffle et il a la vie de moins en moins facile.

Étape 3
Le vendeur performant

Le début des années 1980 nous annonce la crise économique. La concurrence est féroce. Les entreprises (multinationales, nationales et PME) découvrent l'urgence et l'importance de la recherche de nouveaux clients, de la relance du client et aussi du suivi de la clientèle. Il faut vendre. Le vendeur est de plus en plus intégré au personnel salarié.

L'informatique se développe rapidement : un système de planification et de contrôle des visites s'ensuit. Les vendeurs deviennent une partie importante de la gestion marketing. L'encadrement est meilleur, les réunions de vente se multiplient et on découvre l'efficacité du téléphone pour appuyer le vendeur. La nature de l'emploi change : l'évolution des mentalités et la formation supérieure du consommateur comme de l'acheteur industriel obligent le vendeur à progresser, à se ressourcer et à parfaire ses connaissances.

Le nouveau vendeur écoute les besoins, s'intéresse à son client, parle technique et tente de fidéliser ses nouveaux partenaires commerciaux (ses clients). De plus en plus, on veut un vendeur compétent, courageux, persévérant et performant.

Les années 1990 nous présentent le représentant idéal : communicateur, conseiller et négociateur. On se rend compte que vendre, c'est communiquer. Il nous faut comprendre ce qui se passe entre le vendeur et l'acheteur quand ils cherchent à s'influencer mutuellement. Le nouveau vendeur est «homme de dialogue et informateur» : il pratique la vente conseil. Le vendeur performant aura vite saisi que son succès est directement proportionnel à son désir d'aider autrui à résoudre un problème, en utilisant ses compétences. Doublé de ses talents de communicateur-conseiller, le nouveau représentant doit aussi posséder le talent de négociateur. On a compris, «enfin», diront certains, que l'acheteur et le consommateur ont changé et qu'il vaut mieux s'entendre avec eux pour établir une relation durable. Négocier sous-entend souplesse, habileté dans l'art du compromis, ténacité mais aussi ouverture d'esprit. Le vendeur d'aujourd'hui oriente le client et l'aide à décider et à choisir. La relation de confiance devient obligatoire. Ira-t-on jusqu'à parler d'objectivité comme qualité principale menant au succès ?

Étape 4

Le vendeur de l'avenir

Encore demain, le représentant devra s'adapter. On est loin du preneur de commande et du « défonceur » de portes. L'analyse des dernières années quant à l'évolution dans les comportements du consommateur, des acheteurs et des vendeurs nous amène à tracer aussi le profil du vendeur de l'an 2000[2] :

Amélioration de l'image du vendeur	Conséquence de la nature des nouvelles méthodes utilisées
Adoucissement du style de commandement des forces de vente	Conséquence des nouvelles méthodes de gestion des ressources humaines
Meilleure sélection et segmentation des clientèles et plus grande utilisation par le vendeur des techniques du marketing direct	Conséquence d'une meilleure connaissance du marketing
Meilleur usage des bases de données pour préparer les visites	Conséquence d'une plus grande utilisation de la technologie informatique
Plus grande utilisation des modèles de décision	Conséquence d'une formation scolaire plus poussée

Le vendeur sera toujours confronté à la dualité suivante : être sensible aux relations humaines et être tenté de brusquer le client pour atteindre des objectifs commerciaux.

---

2 Tendances résumées par B. Harteman dans *Action commerciale*, n° 9, mars 1983, p. 9.

De plus en plus, la réalité changera pour le vendeur : une nouvelle génération de consommateurs et d'acheteurs industriels est née. Elle est mieux informée, plus compétente techniquement et elle en veut pour son argent. La relation qualité/prix est son credo.

La créativité : une face cachée de la vente

La force de vente, ou les vendeurs, peut tenir des rôles totalement différents selon les entreprises et le type de vente. Toutefois, les vendeurs devront toujours communiquer et user de créativité à des degrés différents. Pour statuer sur les types de vendeurs, nous nous sommes inspirés de la classification préparée par Robert N. McMurry[3].

1. **Le représentant-livreur.** Le livreur de lait ou de journaux qui livre tous les matins la marchandise. Il s'agit quand même d'une tâche très simple. Un bon service et des manières agréables peuvent aider à générer de meilleures ventes, mais les possibilités sont limitées. La portion de son travail n'exige que 5 % de créativité.

2. **Le commis aux commandes.** Qu'il soit à l'intérieur de l'entreprise (par exemple, dans les grands magasins) ou à l'extérieur (par exemple, représentant d'une compagnie d'alimentation visitant les épiceries), le produit est presque toujours préacheté ou prévendu. Dans le cas du grand magasin, le consommateur sait ce qu'il veut ; dans le cas de l'épicier, a-t-il le choix si le consommateur en demande ? Le rôle du vendeur est de conseiller, bien sûr, mais aussi de s'assurer que le produit est offert. La portion de son travail exige 25 % de créativité.

---

3 Tiré du livre de Darmon, R. Y., Laroche, M. et Pétrov, J. V., *Le Marketing, fondements et applications*, McGraw Hill, 4ᵉ édition, 1990, p. 391.

3. Le représentant missionnaire. Son rôle consiste à créer un climat favorable à la vente. Observons ce représentant d'une firme de produits pharmaceutiques qui visite un médecin. Son rôle est d'amener ce dernier à prescrire son produit à ses patients. La créativité joue, ici, pour 48 %.

4. Le représentant technico-commercial. Le vendeur de produits industriels doit s'informer des besoins de la clientèle. Il est responsable de recommander au client son produit, souvent fabriqué selon des spécifications précises. La créativité représente 57 %.

5. Le représentant de produits tangibles. Des produits tels que les électroménagers, les automobiles, les encyclopédies. Au départ, il faut souvent qu'il amène son client à reconnaître son insatisfaction ou son besoin pour qu'ultérieurement il puisse vendre son produit. La créativité compte pour 78 %.

6. Le représentant de produits intangibles. L'assurance-vie, un concept publicitaire, une idée... Il faudra être très créatif (96 %) pour scénariser différentes situations de besoins.

Vous constatez que, selon la tâche du représentant, il y aura plus ou moins de place pour la communication persuasive ou pour l'exercice du talent de créateur. Quel que soit votre type de vente, il y aura toujours place à l'amélioration dans l'utilisation des techniques.

LES FACTEURS DE SUCCÈS : MYTHES OU ORGANISATION

Si quelqu'un réussit, peu importe sa sphère d'activité, qu'est-on porté à penser ou à croire?

Pour lui, c'est facile. Il a :

- le talent ;
- le physique de l'emploi ;
- la facilité de s'exprimer ;
- le don d'être toujours au bon endroit au bon moment.

Pour les Gretzky, Lemieux, Bourque, Roy, Péladeau, Desmarais, c'est bien facile ! Pourquoi serait-ce plus facile pour eux que pour vous ?

Tous ces individus ont travaillé et travaillent encore fort pour réussir. Lever tôt, coucher tard, avec les années, ils ont appris à connaître leur milieu, la compétition, à maîtriser les techniques et à être les meilleurs.

Les mythes

Avec le temps, on en a entendu de bien bonnes sur la vente. Aujourd'hui, nous vous livrons les 10 mythes les plus répandus sur cet art ou cette profession[4].

Si la profession de vendeur a une image aussi mauvaise, ces mythes en sont la principale cause. On a tous été en contact avec des vendeurs, on a tous, un jour ou l'autre, vendu ou essayé de vendre quelque chose. Rappelez-vous lorsque vous étiez jeune, les tablettes de chocolat pour financer une activité scolaire ou sportive. On a tous notre opinion sur la vente et les vendeurs : n'aurait-on pas véhiculé, sans le savoir, certains de ces mythes ?

1. *On naît vendeur.*
   C'est simple, on prend un produit et on essaie. Si ça marche, c'est bien. Sinon, on n'était pas né pour la vente. Vendre est un art, une science complexe et il faut travailler fort pour réussir. Combien de grands espoirs juniors au hockey n'ont pas su faire leur marque dans la Ligue

---

4 Russell, F. A., Beach, F. H. et Burskirk R. H., *Selling : Principles and Practices*, McGraw Hill, 1988, 12e édition, p. 15.

Figure 1.1

LES 10 MYTHES DE LA VENTE

1. On naît vendeur.

2. Les bons vendeurs sont de bons parleurs.

3. Un bon vendeur peut vendre n'importe quoi.

4. Un bon vendeur peut vendre à n'importe qui.

5. Vendre est un jeu où le plaisir est roi.

6. Un bon vendeur n'accepte jamais un « non ».

7. Les affaires ne se font pas au bureau.

8. Vendre, c'est user d'un ensemble de trucs.

9. Les gens ne veulent pas acheter.

10. À vendre, on devient riche rapidement.

---

nationale ? Pourtant, jusque-là, ils avaient le talent. Peut-être que la technique ou l'effort ont manqué !

2. *Les bons vendeurs sont de bons parleurs.*
   Pas toujours et de moins en moins. Maintenant, les meilleurs vendeurs savent écouter. Ce que ne savent pas faire les grands parleurs. Vendre est l'art d'écouter, d'analyser et de poser les bonnes questions.

Quand vous *parlez* à un client :

- vous vous mettez en évidence ;
- vous vous pensez bon ;
- vous n'apprenez rien ;
- le client peut se sentir agressé, pressé.

Quand vous *écoutez* un client, au lieu de lui parler, vous en tirez de nombreux avantages :

- vous découvrez ses besoins ;
- vous pouvez savoir ce qu'il pense de votre produit, de votre entreprise ;
- vous apprenez à le connaître ;
- il sera alors plus facile de le satisfaire.

3. *Le bon vendeur peut vendre n'importe quoi.*
Les grands vendeurs aiment le produit qu'ils vendent. Ceux qui réussissent, par exemple dans l'automobile, peuvent en parler des heures et des heures. Ils en sont même agaçants au cours de rencontres familiales ou amicales. Vous devez vendre des produits que vous aimez, auxquels vous croyez. La vie est trop courte pour perdre votre temps à faire ce que vous détestez. Si vous aimez votre produit, votre industrie, vous serez performant, vous serez le meilleur ! Bien informé, vous aimerez lire tout ce qui se publie sur votre produit. Vous serez alors toujours en avance sur les autres.

4. *Un bon vendeur peut vendre à n'importe qui.*
Ridicule ! Pourquoi perdre son temps avec tout le monde alors qu'on manque de temps pour visiter ses meilleurs clients ? En marketing, il existe ce qu'on appelle la segmentation de marchés. C'est-à-dire qu'un marché comme le Québec peut être divisé en segments par rapport à l'âge des individus, leur revenu, leur lieu de résidence ou d'autres caractéristiques. Cet exercice est nécessaire parce qu'un produit ne peut plaire à tout le monde. Il en est de même pour le vendeur. Il ne peut plaire à tous, donc il ne peut vendre à tous.

5. *Vendre est un jeu où le plaisir est roi.*
La route, les restaurants, les hôtels... une « java perpétuelle ». Il est sûr que, dans certains cas, il faut socialiser, c'est-à-dire « sortir le client », mais de nos jours les budgets sont dépensés

judicieusement. Acheteur et vendeur se limitent de plus en plus à une relation professionnelle : la rentabilité prime tout, et le jour où il faudra changer de fournisseur, l'acheteur ne veut pas être en dette.

6. *Un bon vendeur n'accepte jamais un « non ».*
Historiquement, on ne connaît pas de vendeur qui n'a jamais essuyé un « non ». Comme on ne connaît pas de frappeur au Temple de la renommée du baseball qui n'a jamais été retiré par un lanceur. On ne peut réussir à tous coups.

7. *Les affaires ne se font pas au bureau.*
Plusieurs pensent que les commandes se signent sur un terrain de golf, un court de tennis, à une partie de hockey, à une table de poker. L'époque du vendeur avec un verre à la main est révolue. Avec la technologie d'aujourd'hui et la compétition, la démonstration au bureau ou à l'usine est nécessaire.

8. *Vendre, c'est user d'un ensemble de trucs.*
Si on parle de techniques et non de trucs, c'est vrai. Le temps où le vendeur disait n'importe quoi pour vendre est passé. On ne peut plus duper les gens comme autrefois. Le client est plus informé que jamais. Utilisez des techniques, pas des trucs.

9. *Les gens ne veulent pas acheter.*
Si les gens ne veulent pas acheter, pourquoi s'entêter à leur vendre ? Il y a un ensemble d'entreprises ou de consommateurs à la recherche de produits dont ils ont réellement besoin. Il s'agit, avec méthode, de les localiser, de les trouver et de les satisfaire en leur proposant votre produit. Si les gens ne voulaient pas acheter, parlerait-on de marché ?

10. *À vendre, on devient riche rapidement.*
Certains vendeurs deviennent riches rapidement, tout comme certaines personnes gagnent
à la loterie ou au casino. Ne pensez pas devenir
un vendeur à succès instantanément. Donnez-
vous le temps d'apprendre et de maîtriser les
techniques.

Croire aux mythes pour réussir, c'est peut-être hypo-
théquer votre carrière. Réussir demande une démarche
et de la pratique.

L'organisation

Les vendeurs qui réussissent n'ont pas de recette miracle.
Ils connaissent leur industrie, leur produit, le marché, et
ils savent rencontrer les bons clients : ils s'organisent.

Depuis plus de 40 ans, le Sales Executive Club de
New York fait la promotion des meilleures méthodes de
vente. Chaque année, il distribue à ses membres un
document contenant quelque 200 questions sur la profession. Les éléments que les membres considèrent les
plus importants sont les suivants :

- la concurrence ;
- la recherche de clients ;
- les objectifs d'une visite ;
- la stratégie de vente ;
- la préparation de l'entrevue ;
- les objections à l'achat ;
- la conclusion de la vente ;
- le service après-vente ;
- la gestion du temps.

Pour réussir, le vendeur doit être de plus en plus
informé et préparé.

Plusieurs études nous apprennent aussi que les facteurs de succès les plus souvent cités sont :

Le nombre de visites effectuées.	Une visite est souvent insuffisante.
L'importance du travail préparatoire aux visites.	Ce n'est pas tout de voir du monde, il faut aussi se préparer.
La connaissance du produit.	Les consommateurs et les acheteurs sont de plus en plus informés, et le vendeur doit connaître parfaitement son produit.
La connaissance des besoins du client.	On ne vend plus n'importe quoi à n'importe qui.

Dans la vente comme partout ailleurs, réussir n'est pas le fruit du hasard, mais bien l'aboutissement d'un travail constant, d'une démarche étudiée et planifiée, entreprise dans le but de satisfaire un client.

Dans la figure 1.2, nous constatons que le succès ou l'efficacité d'une démarche de vente tient à différents facteurs :

- la qualité de la relation acheteur-vendeur ;
- les caractéristiques de l'acheteur ;
- les ressources du vendeur ;
- les comportements du vendeur.

Si la chimie qui lie ces éléments est bonne, votre succès est presque assuré.

Figure 1.2

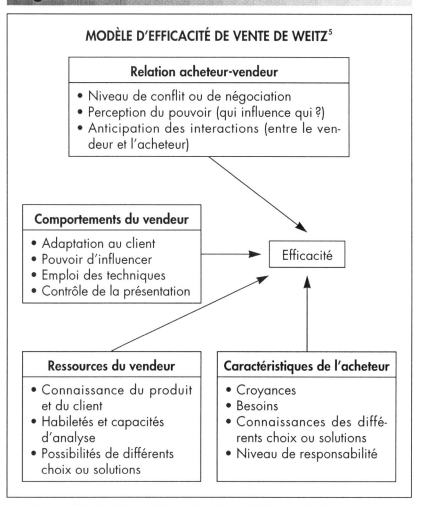

MODÈLE D'EFFICACITÉ DE VENTE DE WEITZ[5]

Relation acheteur-vendeur

- Niveau de conflit ou de négociation
- Perception du pouvoir (qui influence qui ?)
- Anticipation des interactions (entre le vendeur et l'acheteur)

Comportements du vendeur

- Adaptation au client
- Pouvoir d'influencer
- Emploi des techniques
- Contrôle de la présentation

Efficacité

Ressources du vendeur

- Connaissance du produit et du client
- Habiletés et capacités d'analyse
- Possibilités de différents choix ou solutions

Caractéristiques de l'acheteur

- Croyances
- Besoins
- Connaissances des différents choix ou solutions
- Niveau de responsabilité

---

5 Tiré du livre de Weitz, B. A., « Effectiveness in Sales Interactions : A Contingency Frame Work », *Journal of Marketing*, n° 45, hiver 1981, p. 85-103.

LES QUALITÉS D'UN GAGNANT

Vendre est de plus en plus difficile, et les gens qui improvisent sans utiliser une technique ne durent plus très longtemps. Pour réussir, le gagnant doit atteindre un bon équilibre entre la tension qui mobilise son énergie physique, ses ressources mentales et le calme, ce qui évite l'affolement et les erreurs. Il lui faudra donc savoir résister à l'anxiété, au trac, aux déceptions et au découragement. Gagner exige une mobilisation totale de la personnalité. Les tendances fondamentales que l'on reconnaît chez les champions de tous les secteurs d'activité s'appliquent également aux vendeurs : l'affirmation de soi, le désir de gagner, la combativité et le goût du risque.

LES 13 QUALITÉS D'UN GAGNANT

1. **Empathie :** être capable de vous mettre dans la peau de votre interlocuteur, en l'occurrence, l'acheteur.

2. **Sens des affaires :** connaissance du marché dans lequel vous œuvrez, habileté à traiter et à négocier, capacité à développer votre entreprise, votre clientèle ou votre territoire.

3. **Dynamisme :** vouloir aller de l'avant, en faire un peu plus, ne pas attendre que les choses arrivent.

4. **Ambition :** savoir ce que l'on veut, et faire ce qu'il faut pour y arriver. Une fois qu'on y est, tenter d'aller plus loin, repousser les limites.

5. **Capacité de contact :** être en mesure d'entrer en contact avec les gens, de pouvoir communiquer sans difficultés avec les interlocuteurs.

6. **Discipline de travail :** savoir ce qu'il faut faire et le faire. Ne pas reporter à plus tard ce qui doit être fait maintenant, avoir le sens de l'organisation.

7. **Honnêteté :** une qualité essentielle à la réussite dans votre carrière. La seule façon de réussir dans la vente, c'est de pouvoir vendre de nouveau à vos clients et d'obtenir d'eux des références qui vous permettront de faire d'autres ventes.

8. **Aspect général :** tenue vestimentaire adaptée au milieu dans lequel vous œuvrez (chantiers de construction, laboratoires, bureaux), langage correspondant à celui du client, présentation soignée et bonnes manières.

9. **Désir de gagner :** pas le combat, mais la guerre. Avoir une perspective à moyen et à long termes.

10. **Goût du risque :** un gagnant sait risquer, mais sait aussi quand s'arrêter. On ne parle pas de jouer le tout pour le tout, mais de calculer ses chances.

11. **Maîtrise de soi :** ça se développe. On parle de maturité et de réflexion. Il faut savoir attendre son heure.

12. **Attitude positive :** gagner veut aussi dire « accepter une défaite et en tirer profit ».

13. **Vision élargie :** voir son client, son marché, son produit, mais aussi son industrie.

Maintenant que vous avez une idée de ce que représente chacune des qualités, nous vous proposons de faire votre évaluation personnelle (voir page 36).

Qualités d'un gagnant			
Qualité	Évaluation	Correctifs	Échéance
Empathie	/5		
Sens des affaires	/5		
Dynamisme	/5		
Ambition	/5		
Capacité de contact	/5		
Discipline de travail	/5		
Honnêteté	/5		
Aspect général	/5		
Désir de gagner	/5		
Goût du risque	/5		
Maîtrise de soi	/5		
Attitude positive	/5		
Vision élargie	/5		

Pour toute note inférieure à 4/5, nous vous recommandons d'indiquer les correctifs à apporter, c'est-à-dire ce que vous devrez faire pour vous améliorer, ainsi que la date à laquelle vous prévoyez avoir réussi à vous améliorer. Il est important de comprendre que vous ne pourrez pas changer du jour au lendemain. À cet effet, veuillez établir des échéances suffisamment éloignées les unes des autres pour vous permettre de travailler une qualité à la fois.

LES 5 ENJEUX DU VENDEUR

Le gagnant est un stratège. La figure 1.3 présente les cinq enjeux du vendeur stratège gagnant.

Figure 1.3

LES 5 ENJEUX DU VENDEUR[6]

1. Une attitude intérieure positive	2. Une organisation personnelle performante et active
La force des images mentales Être concret Rechercher le positif Transformer sa compétence en service pour l'autre Être créatif	La préparation égale 90 % du succès Les stratégies d'approche Le travail sur fiches Amplifier les résultats ponctuels (vendre chaque jour, chaque semaine) La documentation personnelle Connaissance des produits et des marchés Les aides à la vente (dépliants, catalogues, audiovisuel, démonstrateurs) Les déplacements

3. Gérer simultanément trois dimensions

Créer et entretenir un climat relationnel de partenariat avec le client
Concrétiser sa démarche d'acheteur
Connaître ses besoins et ses motivations d'utilisateur

4. La maîtrise des comportements	5. Une vision élargie de la fonction de vente
Aspects physiques et du langage Les « mots qui tuent la vente » (les sacres, les mots vulgaires, les plaisanteries à caractère sexuel, raciste, religieux, etc.) Les comportements : • éviter les conflits ; • l'affirmation positive de soi.	Comprendre et appliquer les politiques de vente L'image de marque et la fidélisation des clients Savoir rendre service et aider Être disponible pour ses clients

6 Analyse de François Maguère, consultant spécialisé dans les conseils et la formation commerciale, IDEP-CELLER, 43, rue de la Brèche-aux-Loups, Paris, 75012, France.

37

VENDRE, C'EST COMMUNIQUER

Réduite à sa plus simple expression, la vente représente une situation où deux parties échangent, dialoguent, communiquent. Si la communication se passe bien et qu'il y a un besoin de la part de l'acheteur, la vente a toutes les chances de se conclure. Communiquer n'est pas toujours simple ni facile ; toutefois, si l'on connaît toutes les variables et que l'on possède bien la technique expliquant les enjeux et les influences entre elles, notre performance de communicateur s'améliorera. Le schéma de la communication en vente est présenté à la figure 1.4.

1. L'émetteur : c'est celui qui parle. Lorsque vous parlez, vous êtes l'émetteur et lorsque le client parle, c'est lui qui devient l'émetteur.

2. Le codage : c'est ici le choix du langage dans son fond et dans sa forme. Ce sont le vocabulaire, les mots et les gestes. Lorsque quelqu'un parle, il gesticule, il bouge les bras, les mains ou d'autres parties de son corps. Il y a aussi l'expression du visage. Tous ces éléments font partie du code employé par l'émetteur.

3. Le message : c'est le résultat de la combinaison des mots et des gestes que l'émetteur utilise. Lorsque vous écoutez une émission de télévision, disons *Vision Mondiale*, les gens qui font cette émission sont les émetteurs. Ils utilisent des mots (« Adoptez un enfant pour quelques dollars par mois ») et des images (« Des enfants rachitiques dépourvus de tout ») dans le but de faire passer leur message (« Téléphonez maintenant et aidez ces enfants qui ont besoin de vous »).

4. Le canal : il est fonction des types de ventes. Dans une entrevue face à face, on pourrait parler du matériel de support – acétates, diapositives, bandes vidéo. Dans le cas du télémarketing, il s'agirait de l'appareil téléphonique.

Figure 1.4

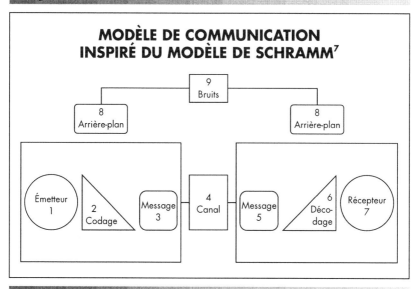

MODÈLE DE COMMUNICATION INSPIRÉ DU MODÈLE DE SCHRAMM[7]

5. Le message : c'est ce qui arrive aux yeux, aux oreilles du récepteur. C'est ce qu'il voit et entend.

6. Le décodage : c'est l'exercice que fait le récepteur à partir de ce qu'il voit et entend. Il décode en fonction de son propre langage verbal et non verbal. Tout comme le codage, le décodage se fait inconsciemment, sans qu'on y prête vraiment attention. Lorsque vous regardez *Vision Mondiale*, vous pouvez avoir le goût d'adopter un enfant, être horrifié par les images, être révolté par tant de souffrance ou avoir l'impression qu'on tente d'abuser de la sensibilité des téléspectateurs. Pourtant, le code et le message de

7 Schramm, W. L., *The Science of Human Communication : New Directions and New Findings in Communication Research*, Basic Books, New York, 1963, 158 p.

l'émetteur sont les mêmes pour tous : il n'y a que le décodage qui soit différent pour chacun.

7. Le récepteur : c'est celui à qui l'on parle. Lorsque vous écoutez, vous êtes le récepteur et lorsque le client vous écoute, c'est lui qui est le récepteur. Dans cette situation, vous devez vous attarder à ce qui l'intéresse, à ce qui le fait sourire, à ce qui le rend triste, à ce qui attire son attention et à ce qui lui inspire l'indifférence.

8. L'arrière-plan de l'émetteur ou du récepteur : c'est ce qui viendra influencer le codage et le message. Nous parlons de :

   • sa personnalité (éducation, habitudes, vécu) ;

   • la perception qu'il a de son interlocuteur (image, attentes, stéréotypes) ;

   • sa perception de la situation de vente ou d'achat ;

   • ses attitudes, croyances et valeurs ;

   • ses buts à court, moyen et long termes ;

   • son sentiment de respect envers l'interlocuteur ;

   • le sentiment de prestige lié à cet entretien, à cette communication.

9. Les bruits : rien de pire. L'idéal serait de communiquer dans un vase clos, mais la perfection n'étant pas de ce monde, il nous faut vivre avec les bruits externes tels que la musique, le téléphone, les alarmes, les sirènes ou les bruits internes comme la concurrence, les préjugés, les habitudes, les problèmes, les ennuis.

La base de chaque communication est une idée. Si cette idée n'est pas transmise clairement, le message ne saurait être reçu correctement par le client. Toute communication doit donc être préparée. Il faut déterminer les objectifs de la communication, de la rencontre avec le client. Veut-on vendre, régler un problème, faire la promotion d'une nouvelle gamme de produits ou percevoir un compte? Tous les éléments du modèle de communication sont importants, mais nous vous invitons à porter une attention particulière à votre arrière-plan et à celui du client. Ces deux éléments guident les émotions de chacune des personnes en présence. Nous vous suggérons de relire la description des arrière-plans.

CHAPITRE 2

LA RECHERCHE DE CLIENTS

Dans le processus de fabrication de toute entreprise, le succès repose en partie sur la recherche de matière première. Il en est de même pour vous. Votre matière première, c'est le client éventuel. Sachez le trouver.

Le succès est le résultat de la foi et d'un travail acharné.

George Shinn

Puis-je qualifier rapidement un client ?

Est-ce que je sais cibler et éliminer le bois mort ?

Suis-je en territoire fertile ?

Est-ce que je possède tous les outils de recherche de clients ?

Ai-je assez de clients potentiels pour bien vivre ?

La différence entre un vendeur ordinaire et un bon vendeur réside souvent dans la capacité de ce dernier à qualifier rapidement le client. Pourquoi perdre son temps avec des clients éventuels non rentables, souvent plaisants mais pas payants ? La différence fondamentale entre un client potentiel et un client éventuel, c'est que le premier vous fera vivre à coup sûr et que le second... ?

Pour découvrir les clients potentiels, nous vous présentons un système et des outils qui sauront rendre votre travail plus efficace.

LES ÉTAPES DE LA RECHERCHE DE CLIENTS

La recherche de clients, communément appelée prospection, est déterminante pour un vendeur qui veut réussir. Dans votre approche des clients, quatre étapes peuvent faire de vous une étoile de la vente :

Étape 1

Cibler : *On ne peut tirer sur tout ce qui bouge !* Il nous faut savoir choisir à partir de critères précis et importants. Si vous voulez augmenter vos ventes de petites voitures économiques, les étudiants peuvent devenir votre cible. Toutefois, à quoi bon leur présenter un modèle luxueux ? Rares sont ceux qui auraient les moyens de se le payer.

Étape 2

Obtenir et inscrire les coordonnées : sur la fiche synthèse présentée à la figure 2.1, notez tous les renseignements pertinents pouvant conduire à une vente.

Étape 3

Qualifier :

- Suis-je en présence d'un client potentiel ?
- Est-ce que je négocie avec le décideur ?
- Quel est son besoin réel ?
- Désire-t-il acheter mon produit dans un délai raisonnable ?

Étape 4

Éliminer le bois mort : pourquoi engorger vos fichiers de noms et de renseignements qui ne généreront peut-être jamais rien, si ce n'est dans deux ou cinq ans. C'est bon de penser à moyen et à long termes, mais dans le quotidien, ce n'est pas avec eux que vous atteindrez vos

Figure 2.1

	FICHE SYNTHÈSE	
	Fiche de client éventuel	
Nom : *Bleau*	Prénom : *Jos*	
Téléphone :	*(514) 555-5555* (rés.)	*(514) 777-7777*, poste 222 (bur.)
Employeur :	*La Compagnie de Livres inc.*	
Fonctions :	*Directeur du marketing*	
Date de naissance :	*1959-01-15*	État civil : *marié*
Nom de l'épouse : *Marie*	Enfants : *Stéphanie (15 ans) et Jean-François (12 ans)*	
Associations :	1. *Optimistes*	2. *Club de patinage artistique (Stéphanie)*	3. *Hockey mineur (Jean-François)*
Changements dans sa vie : *vient d'être promu*		
Besoin à combler : *voiture familiale*	Référé par : *Jean Untel* Date : *1999-02-18*	

objectifs du mois prochain. Faites le suivi, mais de grâce, à court terme, ne perdez plus de temps avec eux.

Dans la section « Associations », vous pouvez aussi indiquer les organismes ou les associations dans lesquels œuvrent ses enfants ou son épouse. Cela vous permettra de connaître les champs d'intérêt de votre client éventuel.

Dans la section « Besoin à combler », vous indiquez un produit ou un service en relation avec un besoin que vous avez déjà identifié. Si vous vendez des voitures et que Jean Untel vous a dit que M. Bleau avait besoin de changer sa voiture et qu'il avait exprimé le désir d'acheter une voiture familiale, indiquez à cet endroit : voiture familiale. Si vous ne possédez pas d'information précise, n'anticipez pas ce dont M. Bleau pourrait avoir besoin : c'est le client qui décide. Attendez d'en savoir plus.

CLIENT POTENTIEL OU CLIENT ÉVENTUEL ?

Il y a une différence fondamentale entre les deux : l'un vous fera vivre car il achètera et l'autre pourrait vous faire vivre, dans un avenir plus ou moins rapproché. «Travaillez» vos clients potentiels et suivez vos clients éventuels pour ne pas les avoir perdus quand vous pourrez répondre à leurs besoins et qu'ils changeront de catégorie.

Un client potentiel réunit les deux grandes qualités qui en font un futur acheteur :

- il tire bénéfice de l'achat de votre produit, il en a besoin et en tirera une satisfaction (le vouloir) ;
- il a la capacité de payer (le pouvoir). Pourquoi vendre si on n'est jamais payé ?

À la lumière de cette information, où devriez-vous mettre vos énergies ?

QUALIFIER LES CLIENTS ÉVENTUELS

- Êtes-vous en présence d'un client éventuel ?
- A-t-il un besoin et peut-il payer ?

Dans certains cas, ils sont faciles à trouver : s'il s'agit d'un bien de base comme la nourriture ou le vêtement, tous sont clients éventuels mais de niveaux différents ; ils n'achèteront pas tous les mêmes choses et n'auront pas tous les mêmes budgets. Tous peuvent consommer du bœuf ; certains sous forme de bœuf haché et d'autres en filet mignon.

Dans le cas de la vente d'une piscine creusée, ce n'est pas tout le monde qui peut se qualifier. Il est peu probable qu'un locataire veuille faire un tel achat. Il faut bien cibler la clientèle en tenant compte de ses caractéristiques : le revenu, le quartier où habite la personne, le genre de voiture qu'elle conduit, le temps consacré aux loisirs, etc. Le critère de base pour qualifier les clients est le jugement. Demandez-vous qui sont les gens ayant un besoin et la capacité de payer. Voici quelques exemples :

Le produit que vous vendez	**La clientèle cible**
Portes et châssis	Les propriétaires de maison datant d'environ 20 ans et plus
	Les gens qui désirent construire eux-mêmes une nouvelle maison
	Les entrepreneurs en construction
Maisons en rangées (*town houses*)	Les jeunes couples avec ou sans enfant
	Les personnes vivant en appartement
Maisons de 150 000 $	Les **nouveaux** professionnels (médecins, dentistes, etc.)
	Les personnes possédant une maison d'environ 100 000 $
Décoration intérieure	Les propriétaires de maisons
	Les bureaux (médecins, dentistes, notaires, comptables, avocats, etc.)

Comme pour le minerai, certains sols peuvent être 5 ou 10 fois plus riches que d'autres. Il en va de même pour les listes de clients éventuels : certaines contiendront jusqu'à 50 % de bons clients. Dans ce cas, le travail de qualification aura été bien accompli. La recherche n'est pas seulement une question de quantité, elle est surtout tributaire de la qualité des individus retenus.

LES SYSTÈMES DE RECHERCHE DE CLIENTS

L'objectif des systèmes est de rendre la recherche de clients plus efficace. Aucun système ne garantit le succès à moins qu'il ne soit suivi méthodiquement. La recherche de clients fait alors partie intégrante de l'organisation globale du vendeur. Nous vous présentons ici des méthodes et des outils ; souvent un mélange de ces moyens donnera d'excellents résultats. L'essentiel est que votre outil, quel qu'il soit, réponde à vos attentes et vous donne de bons résultats, soit un nombre suffisant de clients pour bien vivre. Certains outils pourront donner de meilleurs résultats que d'autres dans certains cas. L'expérience vous le dira.

La chaîne sans fin ou la référence

La chaîne sans fin consiste à avoir d'un client le ou les noms de ses amis, de ses collègues, dans le but d'en faire des clients éventuels. Chaque entrevue devrait vous amener d'autres entrevues. Pas de temps mort, des résultats de vente qui montent en flèche. Évitez de quitter sans obtenir un ou des noms.

C'est simple, terminez votre entrevue avec une phrase du genre : « Connaissez-vous quelqu'un qui aurait avantage à écouter une proposition semblable ? » Certaines entreprises vont jusqu'à donner un cadeau à ceux qui leur ont transmis des noms : le succès de cette méthode repose sur la confiance que vous avez établie avec votre client.

Vous pouvez aussi obtenir des références de vos clients actuels. Vous trouverez utile que ces personnes se portent garantes de vous à l'occasion, et ce, surtout dans la vente industrielle. Ces noms reconnus utilisent votre produit depuis longtemps ; demandez-vous pour quelle raison. Ils vous feront de la publicité et assureront leurs interlocuteurs de votre crédibilité.

Les centres d'influence

Dans sa ville, sa région, sa province ou son territoire, le vendeur développe des contacts auprès de personnes influentes dans différents secteurs où il veut faire des affaires. Ces personnes deviendront partie intégrante de son réseau. Bien des gens peuvent faire partie de votre réseau; à titre d'exemple, mentionnons les banquiers, les courtiers en valeurs mobilières, les présidents de conseils d'administration d'événements sportifs, culturels, sociaux, d'organismes communautaires, les anciens confrères de classe… Les anniversaires à souligner et les fêtes de fin d'année deviennent alors des moments propices pour envoyer des cartes à ceux qui ont été actifs. Pour qu'une personne fasse partie de votre réseau, elle doit répondre à trois critères précis :

- vous la connaissez bien ;
- elle connaît beaucoup de gens ;
- elle est favorablement connue.

L'observation personnelle

La plupart des vendeurs utilise cet outil qu'on pourrait décrire comme étant le flair. Il s'agit d'une méthode intuitive. Tous les jours, vous rencontrez beaucoup de gens. Gardez les yeux et les oreilles ouverts pour capter tout renseignement susceptible de qualifier les gens que vous rencontrez. Les journaux sont remplis de clients éventuels. Il s'agit de les voir : une nomination, un agrandissement de commerce ou d'usine, une acquisition, un concours remporté. Tout peut devenir important. Vendre, c'est être aux aguets.

Les pointeurs et les contacts à froid

Vous êtes trop occupé à vendre ? Que ferez-vous dans un ou deux mois quand votre banque de clients éventuels sera épuisée ? Évitez le piège. Rappelez-vous *La Cigale et la Fourmi*. Vous devez quotidiennement recruter de nouveaux clients. Vous pouvez également demander à un spécialiste du télémarketing ou à un jeune représentant de vous obtenir des rendez-vous.

Vous avez des heures creuses ? Occupez-les. Un rendez-vous est déplacé ou annulé, vous disposez d'une heure ou deux, pourquoi ne pas communiquer avec les clients éventuels que vous avez observés ? Ou alors consultez l'annuaire téléphonique et passez à la sollicitation directe.

Les listes de noms et le marketing direct

Il existe une multitude d'annuaires de toutes sortes, qu'ils soient classés par professions, villes, régions, corps de métiers, associations professionnelles. Il existe même des entreprises spécialisées dans la location de listes composées de noms très intéressants pour vous. Lorsque vous utilisez les services d'une de ces entreprises, sachez cibler vos clients et donnez-leur vos critères précis de qualification (femmes 25-45 ans, revenu 45 000 $ et plus, 18 ans de scolarité). Chaque nom vous coûtera plus cher, mais il rapportera certainement davantage.

Vous pensez joindre les gens par courrier ou par télécopieur ? Assurez-vous de faire le suivi. À quoi sert de poster 50 envois s'il vous est impossible de contacter les destinataires par la suite ? Le courrier ou le télécopieur ne remplaceront jamais l'entrevue. Il s'agit pour le vendeur d'une entrée en matière. Encore là, le courrier ou le télécopieur doit faire partie de votre organisation globale de vente. Utilisés de façon isolée, ces outils rapportent généralement peu.

Les activités sociales : se montrer

Vendre veut souvent dire être disponible, visible. Sachez choisir les activités qui vous permettront d'établir ou de maintenir des contacts intéressants pour vos affaires. Si vous décidez de vous engager dans un organisme quelconque, assurez-vous de bien remplir votre mandat. Vous serez sévèrement jugé par vos pairs si vous n'effectuez pas adéquatement les tâches qui vous sont confiées, et vous aurez de la difficulté à conserver une bonne réputation professionnelle.

L'IMPORTANCE DE LA RECHERCHE DE CLIENTS

Vos chances de succès dans la vente sont directement liées au nombre d'entrevues que vous faites, donc directement liées au nombre de clients éventuels que vous découvrez et que vous qualifiez.

On vous a dit que, dans la vente, vos chances de succès sont illimitées. C'est vrai, mais il ne faut pas oublier que le nombre d'heures dont vous disposez dans une journée est limité. Il est donc important que vous organisiez votre travail de façon à obtenir un rendement maximum.

Quels que soient votre personnalité, vos connaissances ou compétences, vos aptitudes de vendeur ou vos succès passés, sachez que votre réussite présente et à venir dépend de votre habileté à rechercher des clients. On pourrait même dire que le représentant efficace dans la recherche de clients n'échouera jamais ! S'il a toujours de bons clients potentiels, comment peut-il échouer ?

Pour réussir, il ne suffit pas de commencer avec un grand cercle d'amis ou de connaissances, ou avec un réservoir rempli de clients éventuels. Il faut avoir l'habileté et la sagesse d'agrandir continuellement le nombre de ses connaissances et d'alimenter constamment son réservoir de clients éventuels.

S'il est prouvé qu'un manque de recherche de clients est néfaste, il est également facile à prouver que de bonnes habitudes de recherche de clients conduiront au succès. Vous n'avez qu'à causer avec des représentants d'expérience. Le dénominateur commun de leur succès est la recherche de clients. Selon eux, 60 % à 70 % de leur succès dans la vente provient de cette habileté à rechercher des clients.

LES OBJECTIFS DE VENTE

Vous voulez réussir, et la réussite se traduit en $. Combien voulez-vous gagner ? Combien vous rapporte chaque vente ? Combien de nouveaux noms avez-vous besoin de recueillir chaque jour ? La méthode présentée dans la figure 2.2 vous permettra de déterminer le nombre de nouveaux noms à trouver chaque jour pour atteindre vos objectifs. Les renseignements contenus dans cette figure vous permettront aussi d'établir vos objectifs annuels et de les contrôler. Vous pourrez ainsi suivre l'évolution de votre carrière.

Si vous en êtes à vos premiers mois d'expérience, tenez compte des résultats chaque mois.

Pour déterminer votre efficacité à conclure des ventes, vous devez tout simplement prendre le nombre de contacts que vous avez faits pendant les trois mois et le diviser par le nombre de ventes que vous avez réalisées. Par exemple, $163/29 = 5,62$.

Pour chaque vente enregistrée, vous avez dû contacter 5,62 personnes. Combien de ventes voulez-vous faire durant le prochain mois ? Douze ? Vous devrez alors faire $5,62 \times 12 = 67$ contacts.

Vous remarquerez que tous les éléments n'ont pas été utilisés dans nos calculs. Nous avons préféré nous en tenir à l'essentiel. Si les mathématiques vous passionnent, vous pourrez vous amuser à compiler plusieurs statistiques différentes.

Voici votre situation après trois mois de travail :

Figure 2.2

COMPTABILISATION DES RÉSULTATS MENSUELS				
	Janvier	Février	Mars	Total
Chiffre d'affaires (CA)	8 795	5 435	13 758	27 988
Ventes mensuelles (VM)	10	8	11	29
Montant moyen par vente (CA/VM)	880	679	1251	965
Nombre d'entrevues	28	25	24	77
Nombre de contacts	60	48	55	163

Les chiffres ne mentent pas

La figure 2.3 vous permettra d'établir, après que vous l'aurez remplie, le nombre de contacts que vous devrez faire pour atteindre vos objectifs financiers, et la figure 2.4 vous aidera à suivre, chaque mois, votre situation par rapport aux objectifs fixés.

Mise en garde : il faut toutefois penser que, selon le secteur, il y a des hauts et des bas, les ventes ne sont pas réparties également sur chaque mois de l'année. Par exemple, dans le secteur de l'automobile, les ventes sont plus importantes au printemps qu'en hiver.

Rappelez-vous que votre succès est lié au nombre de personnes que vous pouvez rencontrer. Donc, chaque fois que vous rencontrez un client éventuel, vous devez être en mesure de le remplacer par un autre le plus rapidement possible.

Figure 2.3

OBJECTIFS DE REVENU ANNUEL

Revenu anticipé	Taux de commission		Montant moyen par vente (MPV)		Nombre d'entrevues pour une vente	Nombre de contacts pour une entrevue
30 000 $	15 %		2 000 $		2,7	2,8
		Chiffre d'affaires requis[1]		Nombre de ventes requises[2]	Nombre d'entrevues de vente requises[3]	Nombre de contacts requis[4]
		200 000 $		100	270	756

1. CA requis = revenu anticipé divisé par le taux de commission = 30 000/0,15 = 200 000
2. Nombre de ventes requises = CA requis divisé par le MPV = 200 000/2 000 = 100
3. Nombre d'entrevues de ventes requises = nombre d'entrevues pour une vente multiplié par le nombre de ventes requises = 2,7 × 100 = 270
4. Nombre de contacts requis = nombre d'entrevues de vente requises multiplié par le nombre de contacts pour une entrevue = 270 × 2,8 = 756

Figure 2.4

CONTRÔLE DES OBJECTIFS

Mois	A	B	C	D	E	F	G	H
1	63[1]		22[2]		8[3]		2 500[4]	
2	126		44		16		5 000	
3	189		67		25		7 500	
4	252		89		33		10 000	
5	315		112		41		12 500	
6	378		135		50		15 000	
7	441		157		58		17 500	
8	504		180		66		20 000	
9	567		202		75		22 500	
10	630		225		83		25 000	
11	693		247		91		27 500	
12	756		270		100		30 000	

A : Cumulatif du nombre de contacts à faire pour atteindre votre objectif.

B : Inscrivez le nombre cumulatif de contacts que vous avez faits à cette date dans l'année.

C : Cumulatif du nombre d'entrevues de vente à faire pour atteindre votre objectif.

D : Inscrivez le nombre cumulatif d'entrevues de vente que vous avez faites à cette date dans l'année.

E : Cumulatif du nombre de ventes à faire pour atteindre votre objectif.

F : Inscrivez le nombre cumulatif de ventes que vous avez faites à cette date dans l'année.

G : Cumulatif des revenus à faire pour atteindre votre objectif.

H : Inscrivez les montants des revenus de commissions que vous avez faits à cette date dans l'année.

1. 1 517/12 pour le premier mois, et on ajoute ce nombre pour chacun des mois suivants.
2. 270/12 pour le premier mois, et on ajoute ce nombre pour chacun des mois suivants.
3. 100/12 pour le premier mois, et on ajoute ce nombre pour chacun des mois suivants.
4. 30 000/12 pour le premier mois, et on ajoute ce nombre pour chacun des mois suivants.

Fixez-vous des objectifs. Qu'ils soient réalistes, mesurables et stimulants. Si vous voulez savoir où vous allez, vous avez intérêt à savoir d'où vous venez et où vous en êtes rendu.

CHAPITRE 3

L'ENTREVUE DE VENTE

Une entrevue de vente, c'est comme un rendez-vous galant : il faut s'y préparer physiquement et mentalement.

Quand vous semez une action, vous récoltez une habitude ; quand vous semez une habitude, vous récoltez du caractère ; quand vous semez du caractère, vous récoltez une destinée.

Zig Ziglar

Comment obtenir l'entrevue ?

Qu'attend de moi l'acheteur ?

Quelle est sa démarche d'achat ?

Quel langage employer ?

Dois-je écouter ou parler ?

Que peut pour moi la méthode PAB (Produit-Avantage-Bénéfice) ?

Y a-t-il des techniques qui m'échappent ?

Vous savez maintenant qu'il y aura un échange et avec qui cet échange aura lieu. Ce chapitre vous fait entrer dans l'action : l'entrevue. C'est l'objectif de tout appel pour prendre un rendez-vous. Vendre, c'est connaître et savoir utiliser, au bon moment, les bonnes techniques avec les bonnes personnes. Vous aurez à utiliser ces techniques pour :

- l'obtention de l'entrevue ;
- l'approche ;
- l'identification des besoins ;
- la présentation.

Vous découvrirez qu'il est bon de savoir quel genre de vendeur vous êtes et quel genre de clients vous pouvez rencontrer. L'acheteur – ou le client – veut qu'on parle de lui, de ses problèmes, de ses besoins... Pas des vôtres. Vous verrez la démarche d'achat d'un acheteur. C'est donc dans l'action que vous découvrez le langage à employer, les questions à poser, les temps d'écoute ou les bons outils de présentation à utiliser.

En faisant une bonne recherche de clients, vous avez trouvé des gens à rencontrer ; le moment est venu de passer à l'action.

OBTENIR L'ENTREVUE : UN COUP DE FIL

« Le temps, c'est de l'argent. » Avez-vous déjà entendu ça ? Oui. Et vous l'entendrez encore parce que c'est doublement vrai dans la vente. Prenons un exemple : vous voulez rencontrer quelqu'un. Quelle est la façon la plus efficace pour obtenir un rendez-vous ?

1. Vous rendre.
2. Téléphoner.

En privilégiant la seconde approche, vous économiserez bien des minutes et, si vous multipliez ce chiffre par plusieurs occasions, combien de contacts supplémentaires le téléphone vous permettra-t-il de faire ? Pensez aux revenus accrus et aux économies importantes en essence, stationnement et usure de votre véhicule.

Pour être efficace, l'emploi du téléphone comme outil de premier contact doit se faire de façon planifiée et avec doigté.

La planification

Lorsque vous préparez votre journée ou votre semaine de travail, classez vos fiches-clients en fonction de l'heure où vous pouvez contacter vos gens sans trop les déranger. Rappelez-vous qu'il y a des périodes plus propices que d'autres pour joindre différentes catégories de personnes. Par exemple, un propriétaire de restaurant ne sera aucunement réceptif à vos appels durant les heures de repas. Chose certaine, il faut éviter de téléphoner à des clients potentiels avant 9 h et après 21 h.

De plus, avant de vous lancer dans vos appels téléphoniques, vérifiez si chaque fiche est complète et contient les numéros de téléphone. Rien de pire que de briser le rythme pour tuer le rendement. Planifier, c'est aussi choisir un endroit tranquille et privé. Le bruit pourrait vous déranger et incommoder également le client éventuel. Au téléphone, on entend facilement tous les sons que vous pourriez faire en froissant du papier, mangeant, buvant, mâchant de la gomme et même en fumant. En éliminant tous les bruits, vous évitez de déconcentrer votre interlocuteur. En terminant, voici ce que vous devriez retrouver sur votre table de travail :

- votre crayon ;
- votre bloc-notes ;
- vos fiches-clients ;
- votre carnet de rendez-vous.

Les techniques

Les techniques utilisées pour prendre des rendez-vous sont les mêmes que celles d'un appel de vente ou télémarketing. Nous vous prions d'en prendre connaissance dans le chapitre 6.

Pour concrétiser la démarche, une fiche synthèse est présentée à la figure 3.1. Cette fiche est généralement utilisée dans trois situations précises :

- vous avez été référé par un tiers ;
- vous ne connaissez pas la personne ;
- vous lui avez récemment envoyé une lettre ou une télécopie et vous faites le suivi téléphonique.

Comme vous le savez certainement, les objections sont nombreuses. La figure 3.2 vous propose un aide-mémoire utile qui vous aidera à répondre aux objections les plus souvent soulevées lors de la prise de rendez-vous.

La figure 3.2 n'est qu'un aide-mémoire, et vous devrez utiliser votre propre formule pour éviter de faire une simple lecture.

La figure 3.3 vous permettra de contrôler et peut-être même de mieux planifier les résultats de chaque séance téléphonique.

Figure 3.1

AIDE-MÉMOIRE : OBTENTION DE RENDEZ-VOUS

Conversation téléphonique

M. _____ ? (oui) ici _____ de _____

(Nom du client)   (Votre nom)   (Nom de votre entreprise)

RÉFÉRENCE	INCONNU	SOLLICITATION POSTALE
Récemment, je discutais avec un de vos amis, M. _____, et au cours de la conversation, il a mentionné votre nom à quelques reprises, ce qui m'a permis d'apprendre des choses très intéressantes sur votre compte. M. _____, loin de moi l'idée de parler affaires au téléphone, c'est pourquoi j'aimerais vous rencontrer.	J'aimerais vous rencontrer pour vous faire part d'une idée intéressante et avantageuse pour vous.	Il y a quelques jours, je vous ai envoyé une lettre (une télécopie) concernant...., est-ce que vous l'avez reçue ? Si non : Il arrive parfois que ces lettres se perdent. De toute façon, j'aimerais vous rencontrer. Si oui : Nous avons donc fait un pas, j'aimerais alors vous rencontrer.

M. _____

a) Est-ce que vous préférez un rendez-vous dans la journée ou le soir ?

b) Est-ce que vous préférez un rendez-vous le matin ou l'après-midi ?

Est-ce que _____ à _____ vous conviendrait,

           (jour)   (heure)

ou préférez-vous _____ à _____ .

                  (jour)   (heure)

Figure 3.2

AIDE-MÉMOIRE : OBJECTIONS

Comment traiter les objections ? Quelques exemples.

Aucun intérêt.

M._____, je comprends fort bien que vous ne soyez pas intéressé parce que vous n'avez pas encore vu de quoi il s'agit, mais pour que vous ayez l'occasion de juger par vous-même, que diriez-vous de .... ou préférez-vous .... (choix de temps) ?

C'est quoi ça ?

M._____, il m'est impossible de vous l'expliquer ainsi, pas plus que je ne pourrais vous expliquer un graphique au téléphone. Je voudrais que vous compreniez parfaitement cette idée et je serais très heureux d'avoir votre opinion. Que diriez-vous de .... ou préférez-vous .... (choix de temps) ?

Je suis trop occupé.

M._____, je travaille tout le temps avec des gens très occupés ; c'est pourquoi je vous téléphone maintenant au lieu d'essayer de vous voir sans prendre rendez-vous. Que diriez-vous de .... ou préférez-vous .... (choix de temps) ?

Je n'ai besoin de rien.

Bien sûr M._____, c'est à vous de décider si cette idée présente vraiment un intérêt pour vous. De ce point de vue, que diriez-vous de .... ou préférez-vous .... (choix de temps) ?

Je n'ai pas d'argent.

M._____, je pense que nous essayons tous de nous en tenir à un certain budget. Même si vous êtes d'accord que cette idée vous convient parfaitement, vous ne serez absolument pas tenu de souscrire quoi que ce soit à moins d'être sûr que le moment est bien choisi. De ce point de vue, que diriez-vous de .... ou préférez-vous .... (choix de temps) ?

Vous perdez votre temps.

M._____, comme cette idée risque de vous être très précieuse, je serais très heureux de passer le temps nécessaire à vous l'expliquer. Je voudrais avoir votre opinion de toute façon. Que diriez-vous de .... ou préférez-vous .... (choix de temps) ?

Figure 3.3

FORMULE DE CONTRÔLE DES RÉSULTATS				
	LISTE DE CLIENTS			
Nom :	Nom de l'entreprise[1] :	Téléphone :	Objectif[2] :	Résultat[3] :
Date :	Heure au début :		Heure à la fin :	

1. Lorsque vous traitez avec une entreprise.
2. Veuillez indiquer l'objectif que vous voudriez avoir atteint à la fin de la conversation téléphonique : obtenir un rendez-vous, vendre, régler un problème du client, prendre une commande, réaliser un sondage, etc.
3. Veuillez indiquer le résultat de votre appel en fonction de votre objectif : description de la vente et le prix ; la date et l'heure du rendez-vous ; indiquez si la personne a répondu à votre sondage, si le client est absent, notez la date et l'heure auxquelles vous devez rappeler.

PRÉPARER L'ENTREVUE

Vous est-il déjà arrivé d'avoir échoué, étant convaincu que vous n'étiez pas prêt ? De grâce, ne planifiez pas votre échec, préparez-vous !

Quel genre de vendeur êtes-vous et quel genre d'acheteur rencontrerez-vous ?

Se connaître peut s'avérer tout aussi utile que de connaître les gens avec qui vous traiterez. En vous connaissant bien et en connaissant bien votre client, vous augmentez vos chances de réussite. La figure 3.4 vous aidera à découvrir votre vrai visage de vendeur ; tout vendeur peut être défini par son degré d'intérêt pour la vente et son degré d'intérêt pour le client. Le premier chiffre de l'évaluation (l'axe horizontal) représente le degré d'intérêt porté à la vente et le deuxième chiffre (l'axe vertical) représente le degré d'intérêt porté au client.

Il y a le vendeur indifférent, qu'on trouve à 1,1. On se demande ce qu'il fait là : la vente, l'entreprise, le client, rien ne l'intéresse, il est désabusé, brûlé, il devrait penser à se recycler.

À 1,9, nous retrouvons le philanthrope qui en fait trop pour le client. C'est bête à dire, mais il y aura un perdant quelque part : soit son employeur, soit sa famille, soit lui-même. Il faut savoir s'arrêter.

À 9,1, nous retrouvons l'agressif, le « défonceur ». Saura-t-il rendre un client heureux ? La satisfaction du client ne fait pas partie de ses préoccupations. La performance seule compte pour lui.

À 5,5, nous retrouvons le bon vendeur routinier, intéressé moyennement par la vente et le client : juste assez, pas trop.

Finalement, le vendeur exceptionnel se trouve à 9,9. Il a un intérêt élevé et pour le client et pour la vente. Il s'agit d'un professionnel qui accepte mal la défaite, qui se plaît à vendre et qui fera tout pour satisfaire son client, mais pas au détriment de son employeur.

La grille de l'acheteur industriel présentée dans la figure 3.5 montre certaines similitudes. Le premier chiffre de l'évaluation (l'axe horizontal) représente le degré d'intérêt porté à l'achat, et le deuxième chiffre (l'axe vertical) représente le degré d'intérêt porté au vendeur.

- Indifférent à 1,1. Avec ce score, il devrait, tout comme le vendeur, se recycler avant qu'on l'y oblige.

- Crédule à 1,9. Beaucoup d'intérêt envers le vendeur et peu envers son emploi ou ses responsabilités. Il s'agit d'un client facile qui ne fera pas long feu dans la décennie à venir, où le rapport qualité/prix primera tout.

- Sur la défensive à 9,1. Il adore son emploi ou ses performances, mais il a horreur du vendeur. Le représentant aura toute une remontée à faire sur le plan de la confiance.

- Sur réputation à 5,5. Avec les années, tout comme le vendeur à 5,5, le changement le perturbe, il a développé sa technique d'achat et s'y tient. Si vous pouvez entrer dans son « club » ou son « gang » par référence, ce sera parfait.

- Averti à 9,9. Il connaît son emploi et sait vivre avec le marché et les vendeurs qu'il respecte.

Y a-t-il des types de personnalité faits pour coexister dans l'harmonie si l'on parle de vendeur-acheteur ?

Deux personnes à 9,9, c'est tout un match à voir. Quand on a un vendeur à 9,1 et un acheteur à 1,9, le requin a vite fait de bouffer la victime. Un gros lunch en perspective, mais qu'en sera-t-il après ?

En présence d'un acheteur 1,1, commencez à vous informer de l'existence d'une relève... Il ne fera pas long feu.

Les figures 3.4 et 3.5 sont de Blake et Mouton[8].

---

8 Blake, R., Mouton, R. et Srygley, S., *Les Deux Dimensions de la vente*, Les Éditions d'Organisation, 1971, p. 28.

Figure 3.4

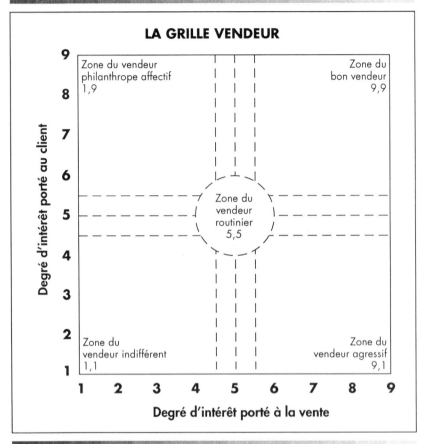

LA GRILLE VENDEUR

Zone du vendeur philanthrope affectif
1,9

Zone du bon vendeur
9,9

Zone du vendeur routinier
5,5

Zone du vendeur indifférent
1,1

Zone du vendeur agressif
9,1

Degré d'intérêt porté au client

Degré d'intérêt porté à la vente

Figure 3.5

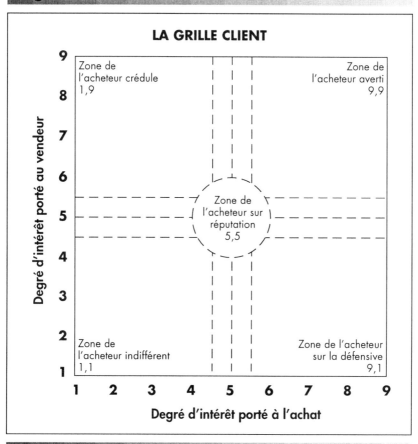

LA GRILLE CLIENT

Qu'attend de vous l'acheteur ?

Si votre temps est précieux, dites-vous que la personne que vous rencontrez vit la même situation : compressions budgétaires, mises à pied, cumul de fonctions et souci d'efficacité. Voici ce que pourrait vous dire un acheteur :

- Essayez d'obtenir le maximum de renseignements sur ma personnalité et sur mes besoins avant de me contacter. Soyez préparé.

- Lors de notre entrevue, ne me parlez pas de vous, mais de moi, de mes besoins, de mon intérêt, de mon profit. Soyez empathique.

- N'oubliez surtout pas que mon désir d'acheter m'est dicté autant par une réflexion logique que par mes émotions. Soyez informé.

- Parlez-moi de vos produits, de vos services, mais que ce soit toujours dans le cadre de mes besoins. Soyez renseigné.

- Écoutez-moi avec la plus grande attention, car chacune de mes réactions est une perche que je vous tends afin de vous permettre de mieux conclure votre vente. Soyez disposé.

- Apprenez à connaître mes besoins et vous constaterez que je peux vous confier des commandes importantes. Soyez documenté.

- Ne me considérez pas comme un client acquis définitivement. Dépensez autant d'énergie pour me conserver que pour me conquérir. La concurrence est là. Soyez vigilant.

Préparez-vous, car au cours de l'entrevue, vous ne vivrez que pour satisfaire votre client[9].

Connaissez-vous la démarche d'achat d'un acheteur ?

De nombreux éléments interviennent pour influencer le comportement d'un acheteur qui doit prendre une décision. Pour comprendre ce processus d'achat, observez la photographie des jeux, des influences, des interrelations de toutes les variables venant influencer l'acheteur contenue dans la figure 3.6.

---

9 Dubuc, Yvan, *La Passion du client : viser l'excellence du service*, collection *Entreprendre*, Fondation de l'Entrepreneurship et Les Éditions TRANSCONTINENTAL inc., Charlesbourg et Montréal, 1993, 200 p.

Figure 3.6

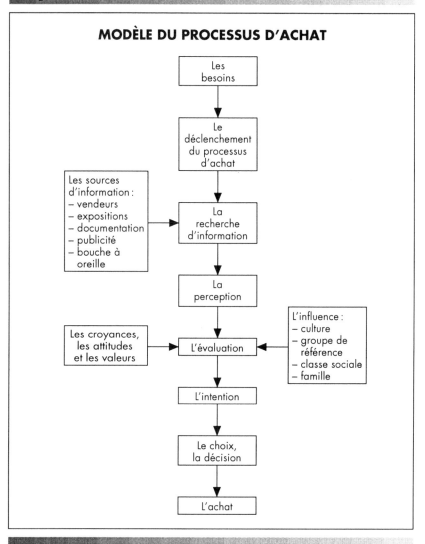

MODÈLE DU PROCESSUS D'ACHAT

Étape 1

Les besoins. L'élément déclencheur du processus d'achat. Selon Pettersen et Jacob[10], le besoin est un état de tension physiologique ou psychologique qui pousse l'individu à agir de manière à réduire cette tension et à satisfaire ses besoins. Pas de besoin, pas d'achat.

Étape 2

Le déclenchement du processus d'achat. À la suite de la prise de conscience du ou des besoins, le client tentera de réduire son état de tension ou d'insatisfaction en effectuant une démarche, plus ou moins structurée, qui l'amènera à combler son besoin.

Étape 3

La recherche d'information. À cette étape, le client fera l'inventaire de ses connaissances et des sources d'information qui lui permettront de faire le meilleur achat dans les meilleures circonstances. De plus, l'information concernant le prix pourrait freiner ses ardeurs s'il lui semble impossible de se procurer le produit recherché. Il se pourrait que le processus s'arrête à cette étape.

Étape 4

La perception. Nous avons tous notre façon de voir ou de percevoir les choses, les événements, les gens. Si vous faites votre épicerie alors que vous êtes affamé, vous ne percevrez pas les aliments ou les étiquettes de la même façon que si vous venez tout juste de sortir de table. Vous avez aussi votre propre perception de l'avortement, de la politique, de la religion et de la morale. Les gens qui vous entourent ont aussi leur perception. Nous attribuons à la perception le fait que cinq personnes témoins d'un même accident donnent souvent aux policiers enquêteurs cinq témoignages différents.

---

10 Pettersen, N. et Jacob, R., *Comprendre le comportement de l'individu au travail: schéma d'organisation*, Éditions Agence d'Arc, Montréal, 1992, p. 34.

Étape 5

L'évaluation. Après avoir obtenu une certaine quantité d'information, le client doit maintenant évaluer les données recueillies : les différents modèles, les prix, les caractéristiques, les fournisseurs, les conditions de paiement, etc.

Étape 6

Les croyances, les attitudes et les valeurs. Le client croit-il qu'un produit fabriqué au Japon est meilleur qu'un produit fabriqué au Canada ? A-t-il une attitude positive ou négative face à un produit qui consomme moins d'énergie mais qui requiert plus d'entretien ? Sera-t-il prêt à payer plus pour un produit fabriqué par une entreprise qui respecte l'environnement ?

Étape 7

L'influence. Avant d'en arriver à son choix final, le client sera influencé par plusieurs éléments : sa culture (pays d'origine, religion, principes), ses groupes de références (collègues, amis, voisins, les membres de sa ligue de quilles), sa classe sociale (niveau d'éducation, revenu, emploi ou profession, statut social) et finalement sa famille.

Étape 8

L'intention. Elle se traduit par la volonté de passer à l'action. C'est décidé, il achète.

Étape 9

Le choix, la décision. Le client possède maintenant tout ce qu'il lui faut pour prendre une décision éclairée. Son choix s'effectuera en fonction de tous les éléments cités précédemment.

Étape 10

L'achat. L'ultime étape. Compte tenu de toutes les démarches que le client vient de faire, il est primordial pour lui que l'achat soit une expérience agréable. Il vous appartient de combler les attentes du client.

Revenez au modèle du processus d'achat présenté à la figure 3.6 et regardez-le attentivement : votre présentation sera meilleure, car vous serez sensibilisé aux préoccupations et aux besoins du client. Amusez-vous à vous rappeler comment vous avez procédé au cours de vos derniers achats. Devrez-vous en savoir plus sur votre client éventuel ?

Que sais-je de mon client ?

- Qui est propriétaire ?
- Qui sont les principaux directeurs ?
- Quels sont ceux que je connais ?
- Qui a le mot final au moment d'un achat ?
- Qui influence et dans quelles circonstances ?

Que sais-je de ses opérations ?

- Que fabrique-t-il, que vend-il ?
- Quels marchés dessert-il ?
- Quelle est la qualité du produit : haut de gamme ou bas de gamme ?
- Quelle est sa capacité de production ?
- Quels sont ses achats ? Achète-t-il des produits préfinis ?
- Comment produit-il ?
- Où prend-il sa matière première ?
- Souffre-t-il de saisonnalité ?

Que sais-je de ses politiques d'achat ?

- Comment procède-t-il pour acheter ?
- Concentre-t-il ou diversifie-t-il ses fournisseurs ?
- Quelle est sa cote de crédit ?
- Quand a-t-il acheté chez nous ?
- Combien par commande ?
- Achète-t-il ailleurs ? Quand ?

- Est-il heureux de ses fournisseurs?
- Pratique-t-il la réciprocité?

Et finalement, lui sera-t-il profitable ou bénéfique d'acheter chez nous?

Aurez-vous besoin de support?

Connaissant mon client éventuel, son professionnalisme, la complexité du processus qu'il suivra, les influences qu'il aura à subir, la rigueur du comité, ne devrai-je pas « m'armer »?

Aurai-je besoin:

- de références écrites, de témoignages?
- de catalogues, de dépliants?
- de support vidéo?
- d'acétates?
- d'échantillons?

Il faut que leur utilité soit réelle. Rappelez-vous: le temps est précieux, évitez les artifices qui n'apporteront rien de plus.

L'APPROCHE

Vous avez utilisé le téléphone pour obtenir votre rendez-vous et vous avez réussi. Bravo! Mais au cours des quelques secondes où vous allez franchir le seuil de la porte, tout va peut-être se jouer, se décider. Il faudra être enthousiaste, avoir du tonus et du dynamisme. Est-il possible pour un vendeur de franchir une porte sans avoir le moral du vainqueur? Pour vendre, il faut vouloir gagner... loin du vendeur l'idée d'échouer.

Le langage verbal

Vous voici arrivé au moment d'engager le dialogue. Cet instant est d'une importance primordiale: c'est au vendeur de prendre l'initiative de l'entretien. Comme dans le sport, l'équipe championne impose son rythme dès les premières secondes. P. H. Whiting[11] propose neuf recettes pour « attaquer » plutôt qu'être sur la défensive :

1. Poser une question d'ordre général concernant la situation actuelle du client :	« Depuis combien d'années êtes-vous en affaires ? »
2. Surprendre par une intervention osée :	« Votre publicité m'a choqué ! »
3. Faire référence à des éléments de notoriété :	« Mercedes est client de notre firme. »
4. Faire une démonstration rapide.	
5. Offrir un cadeau.	
6. Utiliser la recommandation d'un ami :	« C'est votre ami Paul qui m'a recommandé à vous. »
7. Faire un compliment avec tact et sincérité :	« Je vous félicite, monsieur Client, pour l'accueil chaleureux que vos employés font aux visiteurs. »
8. Raconter une nouvelle inédite :	« Je viens d'apprendre que... »
9. Démarrer par une suggestion utile :	« Je propose que... (votre comptable, votre chef de production, votre directeur, etc.) se joigne à nous. »

---

11 Whiting, P. H., *Les Cinq Grandes Règles de la vente*, Dunod, Paris, 1975, p. 32-35.

Aux recettes de Whiting, nous pouvons ajouter :

- aborder les problèmes qui semblent préoccuper votre client au début de la rencontre ;
- rappeler les aspects positifs d'une rencontre précédente (si c'est le cas).

S'il y a des choses à faire, il y en a aussi à éviter pour garder l'intérêt du client :

- s'excuser ;
- être négatif ;
- critiquer ;
- développer des points de vue pessimistes ;
- dire « je, moi, nous » sans arrêt ;
- se vanter ;
- ne pas prendre l'initiative ;
- se dévaloriser ;
- noyer le poisson ou commencer par un long discours, endormir l'interlocuteur.

Le langage physique

Les psychologues prétendent que, par ses gestes ou ses réactions, un individu en dit souvent plus qu'il ne le fait en parlant. Votre corps, tout comme celui de votre client, peut trahir. Observer les gens peut vous aider à améliorer le rendement de vos entrevues. Le corps et ses membres parlent, sachez découvrir leurs messages.

L'acceptation. Elle est souvent indiquée par un regard « ouvert ». Les yeux scintillent vraiment, à cause de la dilatation de la pupille. Remarquez bien ce type de regard la prochaine fois que vous ferez l'heureux mariage d'un client avec votre produit. Lorsque vous êtes convaincu d'avoir détecté ce regard, poursuivez de la même façon. Il continuera à garder les « yeux grands ouverts ». S'il n'est pas rabroué par le prix, par une technique de vente débraillée ou autre chose, il achètera sûrement.

75

L'acceptation

La dissimulation. Elle est indiquée par un frottement de nez ou la main placée devant la bouche alors qu'il parle. Le client éventuel fait semblant de négocier tout simplement pour obtenir de l'information. Soyez clair dans vos explications, ne cherchez pas à camoufler l'information qu'il désire obtenir. Lorsque vous lui aurez donné tous les renseignements qu'il désire, passez à la conclusion de la vente.

La dissimulation

L'hostilité. Elle est marquée par le froncement des sourcils, le croisement des bras, le mordillement des lèvres. Lorsque vous apercevez de tels signaux, relâchez un peu votre présentation et adoucissez vos questions. Parfois, vous ne réussirez pas à déterminer le pourquoi de ces gestes ; si ceux-ci ne sont pas accompagnés de signes de dissimulation, vous pourriez en être la cause ! En effet, si vous êtes capable de lire le langage non verbal, votre interlocuteur peut également être en mesure de lire le vôtre.

L'hostilité

L'agression. Des narines dilatées, un contact visuel durci ou une position assise sur le bord de la chaise signifient que le client s'apprête à charger, à s'obstiner. Relâchez votre présentation, suggérez une pause ou changez de sujet en posant une question sur un champ d'intérêt de votre client éventuel. Peu importe l'option que vous choisirez, votre client réagira, et sa réaction vous indiquera la route à suivre.

L'agression

Le dédain. Joues aspirées, sourcils levés, le client élève le menton tout en baissant les paupières, ce qui signifie que votre message ne passe pas. Votre offre, votre produit ou encore vous-même en êtes la cause. Faites un résumé de votre présentation jusque-là. Si le message ne passe pas, il se peut que le client soit resté accroché à une explication qu'il n'a pas saisie ou qu'il a mal interprétée. Invitez le client à vous interrompre si quelque chose n'est pas clair.

Le dédain

La supériorité. Les extrémités des doigts des deux mains sont jointes en forme de clocher. On peut rarement conclure une vente dans ces conditions. Soyez sûr de vous. Dans cette circonstance, il est nécessaire d'avoir une excellente connaissance de votre produit et de votre industrie. Vous devez démontrer que vous êtes compétent, très renseigné et qu'il a intérêt à traiter avec vous.

La supériorité

Le contact visuel. Les gens timides tendront à éviter de vous regarder droit dans les yeux, tandis que ceux qui ne le sont pas vous regarderont souvent de cette façon. Cet indice est un excellent moyen d'identifier le tempérament de votre interlocuteur. Prenez soin de toujours garder le contact visuel lorsque vous dites quelque chose d'important à un non-timide : un tel bris peut créer de la méfiance. Par contre, si vous avez affaire à un timide, évitez de maintenir ce regard, vous l'intimiderez et il ne se sentira pas en confiance. S'il a peur, il est peu probable qu'il achète de vous. Rendez-lui la vie facile.

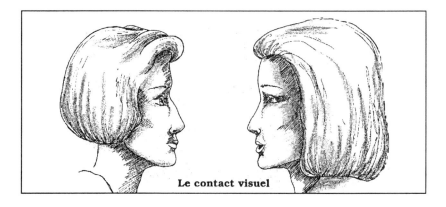

Le contact visuel

La proximité. Votre interlocuteur s'approchera de ce qu'il aime et accepte (y compris vous). Il s'éloignera de ce qu'il n'aime pas ou n'accepte pas.

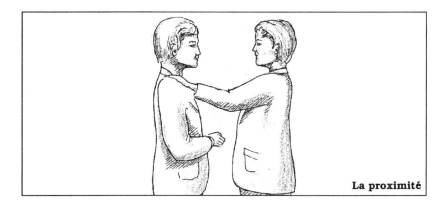

La proximité

L'IDENTIFICATION DES BESOINS

L'objectif est simple : connaître l'autre, identifier ses besoins, et ce, dans un climat de confiance. Il faut que le client sente que vous êtes à son service, que vous voulez l'aider. Pour atteindre votre but, deux moyens s'offrent à vous : questionner et écouter.

Poser les bonnes questions

Que font les animateurs vedettes de la télévision ? Les Simon Durivage, Pierre Nadeau, Claude Charron posent des questions selon des règles étudiées et « ça marche » : on les écoute et on en apprend beaucoup sur leurs invités. Chaput nous révèle ces règles[12] :

1. N'utilisez jamais de questions fermées auxquelles on peut répondre par oui ou par non. Vous aimez le hockey ? Non. Le golf ? Non. La littérature ? Non. Et ça s'arrête là. Qu'avez-vous appris sur votre interlocuteur ? Il n'a pas beaucoup élaboré.

2. Posez des questions ouvertes qui vous permettront d'en apprendre beaucoup plus sur votre interlocuteur. Que pensez-vous du hockey ? Qui est votre auteur favori ?

3. Évitez de donner la réponse en posant la question. « Combien d'employés avez-vous, je crois que c'est 35 ? » L'interlocuteur ne doit pas pouvoir vous dire après votre question : « Vous l'avez dit ».

4. Utilisez des questions indirectes : ne révélez pas exactement ce que vous cherchez. Évitez que l'interlocuteur réponde en ayant un préjugé. Posez plutôt des questions comme : « Combien d'employés avez-vous ? », vous aurez une idée du chiffre d'affaires ; «Depuis combien d'années

---

12 Chaput, J.-M., *ibidem*, p. 117-120.

êtes-vous en affaires ? », vous aurez une idée de la stabilité de l'entreprise.

5. Soyez simple : ne posez pas de questions qui demandent deux ou plusieurs réponses. « Comment faites-vous pour évaluer vos campagnes de publicité et avez-vous recours régulièrement aux services d'une agence ? » Le client ne répondra qu'à une question et à celle de son choix. Vous devrez revenir avec votre question. Posez-les donc une à la fois.

Écouter

Selon Simon[13], écouter est un processus où le stimulus extérieur est reçu, décodé, restructuré et recréé dans l'esprit du récepteur. Lorsqu'un message est émis, l'émetteur reçoit un feed-back venant du récepteur ; en plus, il s'écoute lui-même. Le récepteur écoute l'émetteur et s'écoute lui-même, c'est-à-dire qu'il se dicte ses propres réflexions au fur et à mesure qu'il entend le message. Donc, l'émetteur parle et s'écoute alors que le récepteur écoute et se parle.

Le grand secret de la communication réside dans l'art d'écouter. Malheureusement, la plupart d'entre nous ne savent pas écouter. Les messages que l'on reçoit étant en général grandement influencés par notre manière d'écouter, il importe donc d'acquérir au plus vite de bonnes habitudes d'écoute.

Les habitudes à éviter lorsque vous écoutez

Nous pensons quatre fois plus vite que notre interlocuteur parle. Nous pouvons donc utiliser cet avantage pour mieux comprendre (empathie) l'auteur du message, mais nous pouvons également « gaspiller » ce temps à penser à autre chose.

---

13 Simon, P., *Le Ressourcement humain*, Éditions Agence d'Arc, Montréal, 1970, p. 321-323.

Centré sur lui-même, un mauvais écouteur n'écoute que ce qui peut lui être utile et est indifférent aux besoins, aux intérêts ou au bien-être des autres. Il n'écoute que les mots et en limite le sens, saute aux conclusions, essaie de deviner la teneur du message pour ensuite cesser d'écouter. Certains mots, certaines phrases ou idées vous empêchent-ils d'écouter objectivement?

Pouvez-vous détecter, par l'allure et l'apparence, qu'un client ne peut rien avoir à dire de valable? Détournez-vous intentionnellement votre attention s'il vous parle alors que vous croyez qu'il n'a rien d'intéressant à vous dire? Le mauvais écouteur essaie de faire croire aux clients qu'il les écoute alors qu'il n'en est rien. Il attend impatiemment la chance de parler. Il interrompt et change de sujet, il accueille ou provoque des distractions.

Quelques conseils en vue d'améliorer vos qualités d'écouteur

Un bon écouteur essaie de voir la situation, le problème, comme celui qui en parle (le client). Il se rend compte que le sens des mots se trouve dans le contexte psychologique, social ou professionnel dans lequel ils sont prononcés. Il s'efforce de reconnaître les objectifs, les idées, et place la compréhension avant l'évaluation : il ne jugera pas, mais tentera plutôt de bien saisir et de comprendre ce que le client tente d'exprimer.

Un bon écouteur accepte son interlocuteur tel qu'il est, il respecte ses opinions et ses attitudes. Son esprit est ouvert et réceptif tout en étant critique, mais il contrôle ses émotions et ses préjugés. Il fait la distinction entre les faits et les opinions, entre la logique et l'attrait émotionnel.

Un bon écouteur consent à prendre le temps d'écouter patiemment. Il se sert d'indices décelés dans les communications non verbales pour s'aider à mieux comprendre. Il reconnaît que sa propre partialité peut l'influencer et que les mots peuvent être chargés d'émotions. Il juge l'effet que les paroles de l'émetteur auront sur ses pensées et ses actions ainsi que sur celles des autres.

Un bon écouteur se prépare à écouter en révisant ce qu'il connaît de l'émetteur (client), du sujet ou du problème. Il essaie de comprendre les sous-entendus en observant l'interlocuteur, en évitant de l'interrompre (ne prenez en note que les faits importants), en l'encourageant par des mots ou des gestes et en posant des questions constructives permettant une meilleure compréhension.

Un bon écouteur sait reconnaître l'importance des liens à établir, des indices à observer, du danger de juger, d'évaluer, d'approuver ou de désapprouver avant d'avoir entendu la fin du message et de l'avoir bien compris.

Pour réussir, pour apprendre, pour connaître, il faut écouter et bien le faire.

Il y a quatre formes d'écoute[14] :

1. Silence, écoute passive
Écouter le message d'une autre personne sans répondre verbalement.

Le silence peut être un message « non verbal » puissant pour communiquer l'acceptation. Quelquefois, tout ce dont une autre personne a besoin de notre part, c'est d'être comprise. C'est une chose qui peut être accomplie simplement en l'écoutant, en lui portant attention. Cette forme d'écoute sera valable à condition que la personne qui écoute donne à l'interlocuteur son entière attention, laissant de côté toute autre tâche et se concentrant sur les mots de manière que l'autre se rende compte qu'on l'écoute.

La lacune évidente de l'écoute passive est que l'autre personne n'a aucune idée si elle est comprise, ou si elle est seulement entendue.

---

14 Lemire, R., *Méthodes et moyens de communication*, Recueil de notes, 1990.

2. Simple accusé de réception
Réponses verbales non engagées au message de l'autre.

Ces réponses manifestent l'idée que vous écoutez. De tels messages ou expressions – comme « Oh », « Je vois », « Hum hum », « Vraiment ? », « Intéressant » ou « Sans farces ! » – laissent savoir à l'autre personne que vous êtes « syntonisé » sur elle, mais ils n'offrent aucun contenu, jugement, évaluation de votre cru. Ils permettent simplement à l'autre de poursuivre son message.

3. Invitation
Réponses verbales qui invitent à en dire plus.

Des réponses telles « J'aimerais entendre cela », « Voudriez-vous m'en parler ? », « Parlez-moi donc de ça » sont toutes des manières de communiquer à votre interlocuteur que vous désirez continuer à l'écouter. Elles encouragent les gens à parler ou à continuer de parler. Vous laissez ainsi les guides à l'autre personne en tenant vos sentiments et vos pensées à l'écart de la communication. Les invitations communiquent à l'autre personne que vous l'acceptez, car en fait vous lui dites :

* « Je te respecte en tant que personne qui a le droit de s'exprimer. »
* « Je veux réellement entendre ton point de vue. »
* « Je m'intéresse à toi. »

4. Écoute active
Messages qui manifestent, envers la personne qui a parlé, une compréhension empathique de ses communications.

L'écoute active est le processus qui permet de décoder les mots qu'une personne emploie pour exprimer une idée ou un sentiment et de lui transmettre un accusé de réception de son message à des fins de vérification. Dans l'écoute active, le récepteur n'émet pas un message de son cru tel qu'une évaluation, une logique, un conseil, une analyse ou des questions ; il retourne seulement à l'émetteur ce qu'il croit que son message veut dire, rien de plus ni de moins.

L'écoute active aide les gens à se libérer de sentiments troublants en encourageant la libre expression de ces sentiments. Elle aide les gens à avoir moins peur de leurs sentiments. Quand nous acceptons ceux d'une autre personne, cette dernière apprend qu'ils ne sont pas « mauvais ». L'écoute active développe une relation chaleureuse entre vous et elle. Se sentir écouté permet à votre interlocuteur de se rapprocher de vous.

LA PRÉSENTATION DE VENTE

L'étape précédente, soit l'identification des besoins, se situe beaucoup plus du côté du client et de ses besoins. La présentation de vente, elle, se situe du côté du vendeur, de son entreprise, de ses produits et des bénéfices qu'en retirera l'acheteur.

Encore une fois, comme à toutes les étapes précédentes, une bonne présentation doit être planifiée, organisée et doit répondre à certains objectifs précis :

- rendre le client conscient de son ou de ses besoins ;
- faire la preuve que votre produit comblera ses besoins et lui apportera des bénéfices ;
- démontrer que vous êtes un fournisseur sérieux ;
- le persuader d'agir rapidement pour régler son problème, augmenter ses profits, améliorer sa capacité de production.

Une présentation de vente, c'est tout un défi. À vous de le relever.

Pour arriver à conclure la vente, bâtissez méthodiquement votre crédibilité tout au long de la démonstration.

Bâtissez votre crédibilité

Votre crédibilité est l'essence même de votre pouvoir de persuasion et elle reposera sur deux facteurs :

- votre personnalité, vos agissements ;
- votre habileté à mener à bien la démonstration.

Bâtir la crédibilité qui vous mènera à conclure la vente repose sur sept facteurs à gravir, comme un escalier (figure 3.7). Chaque marche représente une étape ou un moyen.

Figure 3.7

LES ÉCHELONS À GRAVIR

Votre conduite. Vous allez découvrir que votre industrie – ou votre secteur d'activité – est un bien petit monde où vous connaîtrez vite vos compétiteurs et où vous serez connu d'eux. Un monde où les acheteurs industriels se connaissent, se côtoient, échangent à l'occasion et fraternisent souvent dans des activités professionnelles ou sociales. Un client satisfait le dit à une personne, un client insatisfait le répète à sept personnes. Vous devrez donc faire preuve d'une conduite irréprochable en toutes circonstances. La discrétion est de rigueur. Soyez donc à la hauteur, sinon votre carrière sera de courte durée.

Les tests et les études. Si, dans votre présentation, vous avancez des chiffres ou soulignez des détails qui sont importants à vos yeux, allez-y immédiatement avec des preuves : « Les tests et les études le prouvent, et il s'agit de tests sérieux faits par une entreprise crédible, totalement neutre. » Vous pourriez parler ici des résultats de sondages pour les médias, effectués par des maisons telles que BBM, l'agence Nielsen, ou des sondages effectués par des firmes telles que Léger & Léger, Gallup ou Angus Reid. Dans le cas de l'évaluation technique d'un produit, vous pourriez mentionner le CRIQ (Centre de recherche industrielle du Québec). Déjà votre crédibilité marque un point : vous ne serez pas perçu comme quelqu'un qui avance n'importe quoi, *les tests le prouvent.*

Les garanties. Votre produit ou service est nouveau, mais votre entreprise est connue ou son principal fournisseur l'est : rassurez votre client avec une garantie à toute épreuve. Si, par hasard, un problème survient lors de l'utilisation, l'acheteur est protégé, c'est garanti. Évidemment, si votre produit n'est pas garanti, n'en parlez pas. Si votre entreprise offre une garantie inférieure à celle qu'offrent vos concurrents, soyez plus discret sur cet aspect de la présentation.

Les témoignages. Il ne faut pas mettre l'accent sur les témoignages ; on peut citer les propos d'une personne crédible en évitant ceux de quelqu'un qui est reconnu pour acheter n'importe quoi. Un vieux principe dit : « Un client satisfait est votre meilleure publicité. » Votre témoin se portera garant de votre produit pour lui donner de la force et non pour l'affaiblir. Vous devez le choisir judicieusement.

Votre réputation. Vous débutez, bâtissez votre crédibilité sur le sérieux de l'entreprise ou de ses produits : « On ne peut pas être en affaires depuis aussi longtemps si on n'est pas bon. On ne peut pas vendre un mauvais produit s'il est l'un des plus achetés. » Réunissez les faits, publicités, articles de journaux qui sauront vous aider.

Les cas vécus. Ça se rapproche des témoignages, toutefois c'est vous qui les rapporterez. Vous énumérez les cas où votre produit a apporté des bénéfices extra-ordinaires à l'acheteur. Soyez prêt à fournir les détails : noms, numéros de téléphone, etc.

Des démonstrations. Partout où c'est possible, démontrez les avantages de votre produit. Sinon, utilisez la vidéo, les échantillons. Votre client doit pouvoir devenir l'utilisateur.

Produit-Avantage-Bénéfice

L'objectif ultime étant de faire adopter votre solution par le client, votre présentation doit être claire, concise et efficace au maximum. La méthode *Produit-Avantage-Bénéfice* (PAB) facilite l'atteinte de ces objectifs.

Produit. C'est ce que vous vendez – un bien ou un service. Il vous faudra bien le connaître. L'acheteur devant vous est généralement informé. On n'improvise plus de nos jours. Votre produit est standardisé ou unique. Vous devrez le décrire, le dépeindre : dimensions, volume, capacité, solidité, etc.

Avantage. Ce en quoi votre produit ou service est supérieur. Ce sont vos atouts. C'est à ce stade qu'il vous faudra différencier votre offre et déterminer la raison pour laquelle vous êtes le meilleur. Si vous devez vous comparer avec la compétition, faites-le de façon objective. Pourquoi devrait-on vous choisir ? Pour votre différence : votre produit prend moins d'espace, a une capacité de traitement supérieure, est presque indestructible.

Bénéfice. C'est le gain réalisé par la transaction, car l'achat n'est pas seulement pécuniaire. C'est la différence entre l'effort déployé pour se procurer le produit et le plaisir ou la satisfaction qu'on en retire à l'utiliser.

Prenons un exemple concret : l'achat d'une piscine.

Produit :

Selon l'étude des besoins du client, une piscine hors sol de 24 pieds de diamètre avec un filtre d'une capacité de 150 livres et une pompe de une force lui conviendront.

Avantages :

- Qualité Québec, fabrication à Boucherville ;
- structure d'acier galvanisé enduit de caoutchouc, 1/8 po plus épais, garantie 20 ans ;
- toile de caoutchouc traitée, garantie 10 ans contre la perforation ;
- filtre et pompe de grande capacité ;
- pose et installation incluses ;
- démarrage et fermeture, service inclus la première année, pour vous permettre d'apprendre.

Bénéfices :

- donnera de la valeur à votre propriété ;
- vous jouirez pleinement de l'été, en famille ;
- vos enfants resteront chez vous, finie l'inquiétude ;
- un bain de minuit... chez soi, c'est fantastique ;
- plaisir garanti.

C'est grâce aux bénéfices que le client désirera le produit, qu'il salivera. N'oubliez pas qu'un client n'achète jamais un produit ou un service, mais bien une réponse à un besoin. Les gens qui achètent une automobile achètent en fait un moyen de transport, la liberté dans leurs déplacements, l'autonomie, l'indépendance.

Que recherche votre client ?

- économie ;
- sécurité ;
- confort ;
- performance ;

- fiabilité ;
- prestige.

Si vous avez posé les bonnes questions à votre client, vous êtes en mesure de lui proposer les bénéfices qu'il espère retirer de votre produit ou de votre service. Ainsi, pourquoi payer plus cher pour un photocopieur à débit ultrarapide ? Parce que le temps d'attente des employés sera réduit, et il fera un gain. Selon la dimension de l'entreprise, on peut peut-être parler de 1/4 ou de 1/3 de poste ainsi épargné. Sur une base annuelle, l'économie sera donc plus qu'appréciable ; par contre, pour trois ou quatre photocopies à l'heure, il est inutile de conseiller ce type de photocopieur.

Une présentation réussie : quelques trucs

Vous savez maintenant bâtir et maintenir votre crédibilité, le client a confiance en vous et il est prêt à découvrir votre produit, ses avantages, ses bénéfices. Vous êtes passé maître dans l'art de faire une démonstration ; toutefois, ces sept trucs pourraient vous être utiles :

1. Soyez enthousiaste, faites un peu de théâtre. Ne soyez pas terne.

2. Vérifiez régulièrement si votre client est rendu au même endroit que vous dans la présentation. Comprend-il, est-il resté accroché à un détail ? Une bonne façon de le vérifier, c'est de le lui demander : « Est-ce que je suis clair, y a-t-il des questions ? »

3. Comparez avec la compétition au besoin ; ne la détruisez pas. Il s'agit de votre présentation... Pourquoi perdre du temps à parler des autres ? Le temps est précieux.

4. Soyez clair, concis, précis.

5. Parlez le langage du client.

6. Faites-lui une démonstration, invitez-le dans la danse, il suivra. Plus il participe avec vous, plus il se convainc.

7. Écrivez les données importantes, elles feront peut-être partie de l'entente.

CHAPITRE 4

LES OBJECTIONS ET LA FERMETURE DE LA VENTE

Plusieurs vendeurs d'expérience se plaisent à dire que la vente ne commence réellement qu'au moment où le client s'objecte.

L'homme a été conçu pour la réalisation,
construit pour le succès
et pourvu des semences de la grandeur.

Zig Ziglar

Pourquoi les gens s'objectent-ils ?

Suis-je bon négociateur ?

Quand et comment répondre aux objections ?

Ai-je la technique pour fermer la vente ?

Vous êtes-vous déjà demandé pourquoi les gens s'objectent, pourquoi vous vous objectez à l'occasion ? Y réfléchir vous met déjà sur la route des réponses. Il est important de faire la différence entre les objections pré-textes et les objections sincères. Il faudra savoir négocier et jouer avec l'art des compromis, mais une chose est sûre, il vous faudra répondre aux objections, ne jamais fuir. Vous découvrirez les techniques de fermeture et les réponses aux objections les plus fréquemment rencon-trées. Fermer la vente : voilà l'objectif ultime de la démar-che ; c'est réussir, c'est vivre.

LES EXCUSES OU LES OBJECTIONS

L'influence que l'on tend à exercer sur le client, la pression que l'on exerce sur lui suscitent inévitablement des réactions de défense de sa part.

Pourquoi les gens s'objectent-ils ?

Les techniques de vente et la présentation sont un processus d'influence qui dérange, effraie, frappe, flatte la personne. Pour un client, succomber, c'est-à-dire acheter, est signe de faiblesse... et il s'objectera, alors qu'un autre s'objectera simplement pour :

- signifier qu'il n'a pas compris ;
- montrer son désaccord ;
- faire part de son doute ;
- projeter des préjugés ;
- résister par principe, ça fait partie du jeu ;
- chercher à dissimuler ses craintes ;
- dominer ;
- montrer qu'il veut se rassurer ;
- diminuer son risque.

Pensez-y, mettez-vous dans la peau du client : il est tout à fait naturel qu'il mette en place un système de défense afin d'éviter de céder sans cesse à toutes ces offres avantageuses. Les gens s'objectent mais comment ?

Les types d'objections

Examinons maintenant les principales résistances opposées par les clients. Elles peuvent être répertoriées sous trois grands types :

1. les objections prétextes non fondées ;
2. les objections sincères non fondées ;
3. les objections sincères et fondées.

1. Les objections prétextes non fondées

Se débarrasser rapidement du vendeur, tel est l'ultime objectif. Le client ne veut pas avoir d'entretien. Ces objections arrivent le plus souvent au début de la présentation :

- j'en ai déjà ;
- dépêchez-vous, je suis pressé ;
- je ne fais que regarder ;
- de toute façon, ce sera trop cher ;
- je ne veux pas vous faire perdre votre temps.

Vous vous demandez comment un client peut accepter un rendez-vous au téléphone et ensuite avoir le goût de se débarrasser de vous ! Il se peut que cette personne soit incapable de dire non au téléphone ou bien il se pourrait aussi que le rendez-vous ait été accepté par le conjoint ou l'associé de la personne qui s'objecte.

Les objections peuvent aussi surgir à la fin de la présentation : le client cherche alors à éviter le moment crucial où il aura à autoriser le bon de commande en déclarant :

- il n'y a rien qui m'intéresse vraiment ;
- je vais réfléchir ;
- excusez-moi de vous précipiter mais j'ai un rendez-vous important.

Il s'agit de prétextes car, en aucun moment, ces objections ne reflètent les sentiments réels qu'éprouve le client pour votre offre de produit ou de service. C'est de la défense pure. Utilisez alors une des techniques de réponse aux objections discutées plus loin.

2. Les objections sincères non fondées

Il ne s'agit pas ici simplement de défense mais bien d'objections auxquelles croit et s'attache le client. Elles viennent des croyances, des idées qu'il se fait du produit et des bénéfices à en tirer. À titre d'exemples, il pourrait dire quelque chose comme :

- je sais que votre produit n'est pas fiable et je le sais de source sûre ;
- votre service après-vente est défaillant ;
- vous n'êtes pas en bonne position sur le marché.

Ce genre d'objections révèle une mauvaise connaissance ou encore une connaissance déformée du produit. Il faudra faire surgir la vérité et rétablir les faits.

3. Les objections sincères et fondées

Il en existe, il faut le reconnaître. Nul n'est parfait, et on ne peut plaire à tout le monde ; l'objection est sincère et fondée parce que le client y croit vraiment.

Il peut arriver qu'un client averti, expérimenté, mette le doigt sur le bobo, comme on dit, sur la faille, le défaut principal du produit. Il faudra y répondre avec respect. Il est important que ces faiblesses du produit soient signalées aux autorités concernées dans l'entreprise. Si les vendeurs reçoivent régulièrement des remarques négatives et qu'ils n'en parlent pas, il ne sera pas possible à l'organisation de corriger les défauts. Heureusement, ces situations ne sont pas fréquentes, mais il est important de savoir qu'elles sont possibles.

Aussitôt la faiblesse du produit corrigée, reprenez contact avec ce client.

De communicateur à négociateur

La négociation est l'art du compromis et non du combat ou du piège. Le vendeur devrait se rappeler les dispositions relatives à l'état d'esprit du négociateur (client), car la plupart des acheteurs les connaissent :

- faire en sorte que les intérêts et les besoins de chacun soient pris en considération ;

- être prêt à marchander ;
- rester calme ;
- maintenir ses objectifs tout au long de l'entretien ;
- se garder un temps de réflexion ;
- ne pas sous-estimer l'autre ;
- être discret et sur ses gardes ;
- éviter de critiquer les concurrents ;
- être agréable et dynamique sans être agressif ;
- être patient ;
- négocier directement avec les décideurs.

L'objection est là... répondez-y !

LA RÉPONSE AUX OBJECTIONS

Nous allons essayer de *simplifier* le problème que posent les objections. Remarquez bien, cependant, que nous n'avons pas dit *résoudre* le problème. Éliminer totalement la résistance de l'acheteur signifierait, par le fait même, éliminer tous les vendeurs ; ils seraient remplacés par des preneurs de commandes.

Ce qu'un vendeur veut savoir, c'est comment s'y prendre, et quelles sont les techniques ou les réponses toutes prêtes aux objections qui reviennent souvent ?

VOTRE COMPORTEMENT FACE AUX OBJECTIONS

Avant d'aborder les techniques, il est important de s'assurer d'avoir le bon comportement. Voici six règles.

1. *Soyez sincère.*
C'est très bien de savoir exactement quoi répondre aux différentes objections, mais la sincérité de vos paroles est beaucoup plus importante. Vous voulez que votre client éventuel réagisse ? Mettez de l'enthousiasme dans chacun de vos mots. Si votre

---

timbre de voix sonne faux à certains moments, il y aurait peut-être lieu de faire un petit examen de conscience. Est-ce que vous demandez au client de faire des sacrifices dont vous êtes incapable vous-même ? Alors ne soyez pas surpris si vous semblez quelquefois manquer de sincérité en tentant de répondre à certaines objections du genre « Mes moyens ne me le permettent pas ».

2. *Écoutez attentivement et poliment,*
   surtout n'interrompez pas le client.

Si vous croyez vraiment que le client éventuel a une objection réelle à présenter, laissez-lui le temps de la formuler au complet. D'abord, vous aurez plus de temps pour penser à votre réponse et, par surcroît, la tâche vous sera plus facile, car la meilleure façon d'empêcher un ballon de rebondir est de le laisser se dégonfler.

3. *N'argumentez pas.*

« Je vous l'avais bien dit » ou « Je peux vous le prouver » ou « Vous avez tort » ou « J'ai raison ». Avec des expressions de ce genre, vous avez de bonnes chances de gagner la discussion, mais vous en avez encore de meilleures de perdre la vente. Peu de gens achèteront d'un vendeur qui les confronte de cette façon. Une victoire de ce genre peut parfois vous coûter cher. Faites plutôt des efforts sérieux afin de garder le contrôle de l'entrevue en tout temps. Soyez calme et sachez reconnaître le point de vue du client.

4. *Ne répondez qu'à une seule objection*
   à la fois et de façon complète.

En répondant parfaitement à une seule objection à la fois, vous êtes presque assuré d'éliminer une foule d'autres objections secondaires. Souvenez-vous-en, car la fermeture est rarement possible lorsqu'il existe le moindre doute dans l'esprit de votre client.

Lorsqu'une deuxième objection sérieuse se présente avant même que vous ayez eu le temps de répondre à la première, dites simplement : « Justement, si vous me le permettez, je vais vous expliquer cela tout à l'heure, dès que j'aurai complètement répondu à votre première question. »

5. Ne vous attardez pas aux détails et aux fausses objections.
Votre client entretient des préjugés, de vieilles idées qui n'ont rien à voir avec votre produit ou le but de votre visite. Rappelez-vous que votre mission n'est pas d'évangéliser mais de vendre. Évitez la politique, la religion, les faits d'actualité controversés, le sport. Certains clients sont fanatiques et, en discutant de ces sujets, vous pourriez les offenser. Pourquoi risquer d'offenser celui qui vous fera vivre ?

6. Quand répondre... ou ne pas répondre ?
Dès qu'une objection arrive, il faut y répondre, car le client continuera d'y penser de crainte de l'oublier. Il ne vous écoutera plus et il croira vous avoir eu. Dans son esprit, il est clair que si vous ne lui répondez pas, c'est qu'il y a anguille sous roche.

Toutefois, évitez de répondre tout de suite :
- s'il s'agit d'une objection de prix soulevée au début de l'entretien. Indiquez au client qu'il est difficile de juger de la valeur de votre produit qu'il connaît peu ou pas à cette étape de la présentation ;
- si une réponse serait meilleure ou plus complète si vous répondiez plus tard.

N'oubliez pas que la confiance du client ne peut reposer que sur votre façon de manier les techniques : votre comportement est important.

Les techniques de réponses aux objections

Si vous avez une attitude positive face aux objections et si vous savez comment garder le contrôle de l'entrevue, vous êtes sur la bonne voie, mais cela ne suffit pas. Intéressez-vous aux principales méthodes pour répondre aux objections. En voici quelques-unes.

1. La technique directe
2. La technique du « Oui, mais »
3. La technique des questions
4. La technique des histoires vécues

5. La technique de l'oubli

6. La technique de l'attaque de front

7. La technique du témoignage

8. La technique de l'atténuation

9. La technique de la considération

10. La technique de la comparaison

11. La technique de l'autoconversion

1. La technique directe

Il s'agit de retourner l'objection contre l'objecteur en démontrant qu'elle est plutôt une raison d'acheter. Cette technique est employée universellement. Le vendeur d'habits utilisera cette même méthode avec vous et elle aura du succès. En effet, vous vous objecterez en disant : « Non merci, j'examine tout simplement. » Il répondra : « C'est très bien d'examiner, tous nos complets sont en montre pour cela. »

2. La technique du « Oui, mais »

« Je fais déjà affaire avec un fournisseur et je suis très satisfait. » « Oui, mais rien ne vous empêche de vérifier si vous ne pouvez pas faire de meilleures affaires avec mon entreprise. »

3. La technique des questions

Cette méthode donne au client éventuel qui manifeste une certaine indifférence la chance de vous parler et de vous indiquer réellement ce qu'il a dans l'idée. Lorsqu'il émet une objection, demandez-lui : « Pourquoi ? » Souvent, il trouve lui-même la réponse à l'objection en vous mettant sur une bonne piste. Il vous dit : « J'aimerais y penser » ; demandez-lui « Vous voulez penser à quoi ? » ou encore « Pendant combien de temps voulez-vous y penser ? » ou encore « Pourquoi n'y penserions-nous pas ensemble, pendant que je suis ici ? »

4. La technique des histoires vécues

Les gens qui refusent d'acheter le font souvent parce qu'ils ont peur de faire un mauvais choix ou de faire une mauvaise transaction. Il devient très rassurant pour ces gens de réaliser que d'autres avant eux ont acheté votre produit ou votre service et qu'ils en sont satisfaits. Il ne suffit pas de connaître par cœur plusieurs histoires à raconter au moment propice ; il faut qu'elles soient sincères et qu'elles soulèvent l'intérêt du client.

5. La technique de l'oubli

Elle est généralement employée au début de l'entretien, quand le client éventuel essaie de se débarrasser de vous en soulevant une série d'objections ou d'excuses. Fréquemment, on peut les ignorer. Continuez votre discours de vente comme si rien n'avait été dit. Bien souvent, le client éventuel vous amènera une objection simplement dans le but de vous embarrasser. « De quelle façon votre entreprise place-t-elle son argent ? » Répondez-lui : « Nous discuterons cette question dans quelques instants » et continuez votre discours. Prenez garde, cependant, de ne pas négliger une objection réelle.

6. La technique de l'attaque de front

Elle est employée très rarement, car cette technique est dangereuse. En l'utilisant, vous contredisez votre client. Cela peut vous causer de l'embarras et vous pouvez aussi le blesser. Cependant, il se présente des cas où cette méthode peut être employée sans hésitation, dans le cas d'une attaque contre votre entreprise, contre votre produit ou votre profession comme représentant. Lorsque l'intégrité ou la stabilité de votre produit est attaquée, répondez.

7. La technique du témoignage

Le client aura confiance à son semblable, un acheteur livrant un message de satisfaction. « Connaissez-vous M. X ou l'entreprise Y ? Ils font affaire avec nous. » Il est nécessaire de mentionner des gens ou des entreprises que l'acheteur connaît. Les acteurs sont connus : c'est ce qui différencie la technique du témoignage de la technique des histoires vécues. Si votre préparation a été bien faite, vous aurez des noms d'acheteurs ou d'entreprises à énumérer aussitôt que vous en aurez besoin.

8. La technique de l'atténuation

Vous donnez votre accord sur des points secondaires ou mineurs. Vous ne concédez rien sur l'essentiel. « Oui, certains clients pensent comme cela, mais en fait la grande majorité dit plutôt que... »

9. La technique de la considération

« Vous avez raison d'attirer mon attention sur ce point... je vois ce qui vous intéresse plus particulièrement. »

10. La technique de la comparaison

Si le client a déjà acheté de votre entreprise après avoir hésité à le faire, revenez sur cette expérience : « Ça ne vous rappelle pas..., vous aviez acheté en fin de compte et vous avez été satisfait. Pourquoi ne pas récidiver ? »

11. La technique de l'autoconversion

« Je vous comprends, avant de me joindre à l'entreprise, je pensais comme vous, mais depuis que j'ai découvert..., tout a changé. »

Vous avez le bon comportement, vous maîtrisez les techniques, passons maintenant aux exemples classiques.

Les objections les plus fréquentes

Avec l'expérience, vous découvrirez que bien des objections reviennent souvent. La figure 4.1 vous en dresse un tableau.

Figure 4.1

RÉPONSES POSSIBLES AUX OBJECTIONS

Objections fréquentes	Techniques, idées de réfutations possibles
J'ai déjà mes fournisseurs.	« Pour qu'ils vous soient plus fidèles, vous avez tout intérêt à me commander quelques-uns de mes produits, même en petite quantité. » « D'abord, cela ne les gênera pas, ensuite ils sauront qu'ils ne sont plus seuls ; ainsi, ils feront des efforts supplémentaires pour vous conserver. »
Je peux me passer de vos services.	« Supposons le problème résolu et que vous ayez décidé de faire appel à mes services, voyons ensemble les avantages de notre collaboration. »
Il faut que j'en parle à (ma femme) (mon chef de service), etc.	« Si cette décision ne dépendait que de vous, serait-ce oui ou serait-ce non ? » Ou encore : « Cette affaire est entre bonnes mains, je suis persuadé que vous saurez convaincre, etc. » « Pourrions-nous voir votre chef de service ensemble ? »
Vous vendez trop cher.	« À quel point de vue ? » « Croyez-vous que nous aurions un tel succès avec ce produit s'il ne valait pas son prix ? » En comparant avec une offre plus avantageuse : « M. X..., un prix aussi bas ne vous donne-t-il pas à réfléchir ? »

Objections les plus fréquentes rencontrées dans la vente (suite)	Techniques, idées de réfutations possibles (suite)
Vous me faites une réduction et je commande.	Calculez les avantages et les économies que le client réalise tous les jours en utilisant votre produit et comparez-les avec la réduction. Celle-ci paraîtra infime.
Repassez dans deux semaines.	Gardez le contact en téléphonant afin de surveiller l'activité de la concurrence. Rappelez votre rendez-vous en utilisant comme prétextes : augmentation de prix, changement de produits imminents, nouvelles campagnes de publicité. Enfin, envoyez des documents complémentaires : prospectus, coupures de presse, etc.
Cela ne m'intéresse pas.	Vous pouvez demander en souriant : « Même d'augmenter votre chiffre d'affaires ? Même de gagner davantage ? Même de faire des économies ? » Ou bien lui demander : « D'après ce que vous savez par expérience, qu'achètent les gens de votre maison ? »
Votre marchandise ne part pas assez vite.	Examinons ensemble l'emplacement du produit. La surface est-elle suffisante ? Avez-vous pris toutes les mesures de promotion des ventes que nous vous avons recommandées ?
Je n'ai pas le temps.	Si vous n'avez pas le temps tout de suite, fixons un rendez-vous une autre fois, mes propositions sont trop importantes pour être traitées rapidement. Disons jeudi 10 h ou vendredi 14 h. Ou bien dans le cas où « je n'ai pas le temps » signifie « cela ne m'intéresse pas », vous pouvez lui demander : « Pourquoi notre produit ne vous intéresse-t-il pas ? Les clients qui l'utilisent déjà économisent jusqu'à 8 % de frais de fabrication. Je peux vous faire une démonstration le 4 ou le 7. »

LA FERMETURE DE LA VENTE

La fermeture est à la vente ce que la cérémonie du mariage est à la préparation. De longues fréquentations, des préparatifs à n'en plus finir, et la noce est remise. Que de déceptions ! La fermeture est l'aboutissement d'une démarche structurée, planifiée, qui s'est déroulée dans un cadre étudié. Il ne faudrait pas la rater : c'est l'instant capital. Avant de passer aux techniques, regardons l'ambiance, le moment, l'environnement.

Il faut éviter de conclure trop tôt ou trop tard. Trop tôt, le client se sent agressé, piégé ; trop tard, il risque de perdre l'intérêt.

Le bon moment peut vouloir dire :

- veiller à engager le client progressivement sur les différents arguments ;
- le rassurer régulièrement sur le bien-fondé de son choix ;
- s'en remettre à certaines questions silencieuses :
  - Veut-il le produit ?
  - A-t-il confiance ?
  - A-t-il compris ?
  - Peut-il se justifier ?
  - A-t-il le pouvoir de décision ?
  - Ai-je répondu à toutes ses objections ?
- passer aux techniques de fermeture.

1. L'avantage perdu

Si le client ne se décide pas, il perd un gros avantage... de prix, de fiabilité.

2. Le bilan

Vous résumez les objections, les réponses, et vous récapitulez les avantages et les bénéfices. Vous les inscrivez dans la colonne des raisons qui font que le client devrait acheter. Vous permettez au client d'inscrire les raisons qui pourraient l'empêcher d'acheter. À la fin, la balance devrait pencher de votre côté.

3. L'accord tacite

Vous agissez comme si le client avait donné son accord : « Quel jour seriez-vous le mieux disposé à recevoir la commande ? », « Est-ce que 1 000 unités suffiront pour faire un essai ? »

4. L'alternative

Vous laissez le choix au client entre deux solutions conduisant à l'achat : « Préférez-vous que la commande vous soit livrée lundi ou mercredi ? », « Aurez-vous besoin de 1 000 ou 2 000 unités pour en faire l'essai ? »

5. La synthèse finale

Tout au long de l'entrevue de vente, vous amenez le client à se prononcer sur chaque détail ou étape. Quand ça fait 17 fois qu'il dit oui, que dira-t-il à la question : « Alors, marché conclu ? » Un non serait mal vu.

6. La dernière objection

« Je crois avoir répondu à toutes vos questions. En avez-vous une dernière avant la signature ? »

7. L'avantage de la dernière minute

Frappez avec un dernier argument, escompte de volume, boni de signature, garantie prolongée. C'est votre dernière chance.

N'oubliez pas, toute visite n'entraîne pas nécessairement une vente. Évaluez objectivement vos clients éventuels.

CHAPITRE 5

S'ORGANISER : MIEUX GÉRER SON TEMPS

La planification est vraiment un investissement en temps, qui devrait être de courte durée, de sorte que le reste de notre temps peut être employé plus profitablement ou plus agréablement.

Le fait de remettre à plus tard une chose facile la rend difficile ; si la chose est difficile, ça la rend impossible.

Charlotte Hale Allen

Est-ce que j'aime perdre de l'argent ? Alors...

Est-ce que je perds du temps ?

Y a-t-il des trucs pour améliorer mon rendement ?

Le temps est-il pour moi un actif ou un prétexte à l'échec ?

Comparée à bien des métiers ou professions, la vente offre une liberté d'action extraordinaire, et même parfois excessive. Êtes-vous de ceux à qui un peu de discipline personnelle ferait du bien ? Vous découvrirez l'importance de bien gérer votre actif le plus précieux : votre temps. On ne peut récupérer le temps qui est déjà passé. Une journée perdue peut s'avérer très coûteuse en commissions, primes, rendement.

Les gagnants savent que le temps, c'est de l'argent. Découvrez des trucs astucieux qui sauront maximiser vos résultats et qui vous feront oublier les excuses.

LA GESTION DE SON TEMPS

Quel que soit votre secteur d'activité, votre type de clientèle, la nature des produits que vous vendez, vous serez toujours confronté au délicat problème de la répartition optimale de votre temps.

Dans tout ce que vous faites, n'oubliez jamais que le moment crucial est toujours celui où vous êtes en contact direct avec le client. Ce moment est toujours de faible durée par rapport à la préparation et aux autres tâches que doit accomplir le vendeur : le moment ultime représente environ 10 % de tout votre temps. Il ne faut pas manquer votre coup, car c'est là que le facteur rentabilité apparaît ; pas de vente, pas de revenus. Rappelez-vous, dans le chapitre 1, nous avons vu que l'emploi du temps fait partie des facteurs de succès.

Les gagnants ont très peu besoin de supervision ou de surveillance. Ils savent que le temps, c'est de l'argent. Seules les personnes organisées peuvent utiliser raisonnablement leur temps : il faut apprendre à le gérer.

QUELQUES TRUCS

1. Faites plus d'appels, de visites et de ventes.

Vous arriverez à faire plus d'appels, de visites et de ventes en planifiant votre journée à la minute près : appels, rendez-vous, suivi, service... Évitez les déplacements inutiles, trop longs et les périodes mortes. Préparez ou planifiez vos présentations. L'improvisation a de moins en moins sa place de nos jours.

2. Raccourcissez vos présentations.

Coupez dans le gras ! Pensez efficacité et performance. Vous grugez 20 minutes ici, 10 là et, en fin de journée, vous aurez peut-être le temps de faire une présentation de plus, ce qui veut dire 4 ou 5 de plus par semaine, ou près de 200 par année. Calculez combien vous devez faire d'entrevues de vente pour faire une vente (voir le chapitre 2). Maintenant, vous pouvez savoir combien peuvent vous rapporter 200 entrevues de plus par année. Préparez votre visite et préparez votre client : envoyez la documentation avant la rencontre, essayez de conclure votre vente plus tôt sans le brusquer.

3. Rallongez vos journées, vos semaines.

Le temps du jour, propice à rencontrer des clients, est sacré. Préparez-vous à la maison, tôt le matin ou en soirée la veille. Les gagnants travaillent régulièrement plusieurs heures par semaine et ça ne paraît pas : ils aiment ce qu'ils font et c'est rentable. Et plus c'est rentable, plus ils aiment ça. Il ne faudrait quand même pas tomber dans l'excès au détriment de votre santé et de votre vie familiale.

4. Arrêtez de toujours voir vos clients comme des amis.

Histoires, plaisir, détente, mais combien de ventes ? Rendre service, dépanner, c'est bien, mais est-ce là votre mission ?

5. Calculez votre salaire horaire.

En moyenne, un vendeur passe environ 1 000 heures par année en entrevues ou présentations de vente. Si votre salaire annuel est de 50 000 $, vous gagnez 50 $ l'heure quand vous vendez. Ce serait intéressant d'augmenter les heures à 1 100 ou 1 200, votre revenu serait alors de 55 000 $ ou de 60 000 $.

6. Analysez-vous. Que faites-vous dans une journée ?

Les cafés, les distractions, le « social » avec d'autres vendeurs, etc. : calculez combien ça vous coûte.

7. Comparez-vous.

Les études, enquêtes et statistiques existent. Il ne faut pas devenir fou avec ces données, mais à titre de comparaison elles peuvent devenir intéressantes. La figure 5.1 vous présente comment des vendeurs industriels emploient leur temps, et ce, pour différents secteurs d'activité.

En résumé, les vendeurs des différents secteurs d'activité consacrent en moyenne chaque jour :

3,79 heures en entrevue de vente ;
3,13 heures en déplacement et attente ;
1,84 heure en travail de bureau et réunions ;
0,46 heure pour des appels ;
9,22 heures au total.

LE TEMPS : UN ACTIF OU UN PRÉTEXTE À L'ÉCHEC ?

Pour vous, le temps, c'est plus que de l'or, du diamant, du platine ou de l'argent. Le temps, c'est votre réussite. Vous êtes à deux points d'atteindre l'objectif fixé pour mériter le voyage à Hawaï : le concours se termine le 30 à 17 heures, et nous sommes le 30 à 17 heures. N'y aurait-il pas eu certaines journées où des heures auraient pu être mieux employées ? Impossible de les récupérer ! Rappelez-vous, le temps passe, ne se rattrape pas, ne s'achète pas. Ne serez-vous pas porté à dire : « Si ç'avait été un mois de 31 jours, j'étais bon pour Hawaï. » À qui la faute ? Le temps a-t-il été un actif ou un prétexte à l'échec ?

Les vendeurs qui réussissent font ce que ceux qui ne réussissent pas ne veulent pas faire.

Nous sommes tous différents les uns des autres. En raison de nos personnalités distinctes, nous apprécions

Figure 5.1

L'UTILISATION DU TEMPS DES VENDEURS INDUSTRIELS

Industrie	Nombre de vendeurs	Moyenne des heures de travail par jour	% du temps consacré à des entrevues en personne	% du temps consacré aux déplacements et à l'attente d'une entrevue	% du temps consacré au travail de bureau et aux réunions	% du temps consacré aux appels de service	
Meubles et accessoires	47	9:01	41 %	36 %	16 %	7 %	100 %
Produits chimiques organiques et non organiques	105	9:34	36	43	18	3	100
Autres produits chimiques	87	9:47	39	37	19	5	100
Fonderie	94	8:59	42	32	21	5	100
Autres métaux	28	9:20	44	34	18	4	100
Produits d'acier fini	40	9:17	43	37	13	7	100
Matériel métallurgique	120	9:14	40	37	15	8	100
Machinerie industrielle	118	9:24	43	32	22	3	100
Autre machinerie, sauf industrielle	109	9:29	42	36	18	4	100
Dispositifs électriques industriels	105	9:13	41	28	28	3	100
Autres appareils électriques	128	9:22	46	30	20	4	100
Instrumentation	42	10:10	41	28	22	9	100
Autres industries	66	8:56	41	29	24	6	100
Total	1 089						
Moyennes		9:22	41 %	34 %	20 %	5 %	100 %

Note additionnelle : nombre d'appels par jour : 8,4 ; durée moyenne d'une entrevue de vente : 28 minutes ; durée moyenne de ventes face à face par jour : 3 heures 52 minutes. Chaque vendeur devait tenir un registre de ses activités quotidiennes et les expédier à McGraw Hill.
Source : McGraw Hill Publishing Company.

certains aspects de notre travail plus que d'autres. Malheureusement, il nous arrive souvent de tomber dans le piège de la facilité : nous préférons faire les choses que nous aimons faire et dans lesquelles nous nous sentons plus à l'aise. Nous en arrivons ainsi à privilégier un seul aspect de notre travail, à l'exclusion de tous les autres.

Lorsque nous développons un talent à l'extrême, cela devient une obligation, et nous omettons de mettre au point l'équilibre professionnel nécessaire au succès. La plupart des représentants qui réussissent ne sont pas des vedettes dans l'une ou l'autre des parties de leur travail. Toutefois, ils font preuve de compétence dans l'ensemble des aspects de leur travail :

- la formation ;
- la planification ;
- les activités sociales ;
- le service à la clientèle ;
- les relations publiques.

Ceux qui échouent manquent, plus souvent qu'autrement, de cette compétence globale et ne deviennent professionnels que dans un seul domaine. Or, puisque le succès est attribuable à un ensemble de causes, ceux qui échouent s'excluent eux-mêmes de la réussite. Vous rencontrerez très certainement ce genre de personnes, mais permettez-nous de vous en présenter quelques-unes. Vous les reconnaîtrez facilement, le nom seulement diffère.

Julien, l'éternel étudiant

Julien est un fanatique de l'amélioration de soi. Il suit toujours un cours de formation quelconque, il lit tout ce qui se publie sur la vente et, partout où il va, il apporte son magnétophone. Les cassettes sont d'ailleurs une espèce de drogue pour lui. Julien est un étudiant professionnel, certes, mais il n'est pas un représentant professionnel. Pourquoi toujours étudier s'il n'a pas le temps de pratiquer ?

Sylvie, la planificatrice

La planification, c'est le point fort de Sylvie. Elle a décortiqué dans tous ses détails la région où elle concentre ses activités. Non seulement l'a-t-elle indiqué sur une carte géographique, mais elle possède aussi des photos aériennes de son territoire. Malheureusement, elle ne semble jamais avoir le temps de faire une présentation. Sylvie est une planificatrice professionnelle.

Le bon vieux Denis

Tout le monde connaît Denis et il connaît tout le monde. C'est l'ami de tout le monde. Il fait partie de tous les clubs sociaux, il participe à toutes les campagnes de souscription et il est devenu spécialiste des relations publiques. Il rend visite, il se fait des amis et il écrit des petites notes. Denis est un professionnel de la recherche de clients, mais il n'a pas le temps de les rencontrer professionnellement. Que d'énergie et d'argent perdus !

Carole et le service à la clientèle

Carole sait très bien qu'elle pourrait conclure des ventes, mais elle ne peut concentrer ses activités sur de nouvelles transactions. Elle est trop occupée par le service à la clientèle... Pour Carole, rendre service, c'est une profession, mais sans nouvelles ventes, de quoi vivra-t-elle ?

Julie, le mouvement perpétuel

Julie croit qu'il faut voir les gens. Elle fait quatre présentations par jour. Elle ne connaît personne par son nom, elle n'a jamais vu une étude comparative des prix et elle ne suivrait jamais un cours de formation, même si sa vie en dépendait. Son mot d'ordre : « Le service après-vente, pourquoi ? Il y a toujours un nouveau client qui attend ! » Julie réussit à obtenir des entrevues, elle conclut même des ventes. Malheureusement, personne ne fait appel à ses services une deuxième fois. Elle est trop occupée à voir de nouveaux clients éventuels. Il faudrait lui expliquer qu'il en coûte sept fois plus cher en dollars et en efforts de gagner un nouveau client que de conserver celui que l'on a déjà.

Surveillez bien ces types de personnages. Vous en rencontrerez sûrement. Ils sont convaincus que leur manière de faire est la meilleure. Et ils ont toujours le temps de prendre un café et de vous en parler.

LE RENDEMENT OU LES EXCUSES

Dans le secteur de la vente, tout se résume à deux principes fondamentaux : le rendement et les excuses. Chacun d'entre vous doit prendre une décision relativement à ce que vous êtes prêt à accepter de vous-même. Vendre, c'est posséder sa propre entreprise ; il s'agit d'une entreprise dont les associés sont vous, vous et vous ! En dernière analyse, le succès ou l'échec de votre entreprise dépendra de vous ou de ses associés. Lorsque vous jetez un coup d'œil dans le miroir chaque matin, les associés tiennent une réunion. Si vos succès ne vous satisfont pas, vous n'avez qu'à vous regarder et à dire : « Si je n'ai pas suffisamment de succès, la faute n'est attribuable qu'à moi, à moi ou à moi ! »

Le succès commence par l'acceptation de votre propre responsabilité relativement à vos succès ou à vos échecs. Or, il n'y a aucun doute là-dessus : le plus grand défi que vous aurez à relever consistera à vous servir de la force nécessaire pour lutter contre vos propres pressions intérieures en refusant de devenir victime des circonstances. Si votre désir d'atteindre le succès est suffisamment fort, vous pourrez y arriver. Rien ne pourra affaiblir votre détermination à moins que vous choisissiez vous-même de vous affaiblir.

Les possibilités que vous offre la vente ne sont limitées que par vous-même et vos trois associés : vous, vous et vous !

CHAPITRE 6

LE TÉLÉMARKETING

Il existe une nouvelle forme de vente qui peut être adaptée à vos besoins. Il ne vous reste qu'à la découvrir.

Seule l'action donne à la vie sa force, sa joie, son but.

Og Mandino

Le téléphone : ami ou ennemi ?

Vendre face à face ou par télémarketing, vendre, c'est vendre ; partout il faudra être meilleur, mieux formé, pour faire face à un acheteur ou à un consommateur mieux informé. Alors, pourquoi plusieurs entreprises sont-elles réticentes à former leur personnel alors que d'autres fonctionnent avec des gens qui ont reçu une formation et qui sont toujours à l'affût des nouveautés ?

Phénomène de notre époque, le consommateur veut tout avoir facilement, sans effort, voilà la nouvelle vente par téléphone, le télémarketing.

Technologie aidant, le télémarketing s'avère un outil des plus efficaces... Que deviendra la vente en 2010 ?

LE TÉLÉMARKETING OU LA VENTE PAR TÉLÉPHONE[15]

De nos jours, le téléphone n'est plus simplement commode ; pour la plupart d'entre nous, il est devenu nécessaire. Essayez, pendant quelques jours, de mener vos affaires ou votre vie personnelle sans l'utiliser, vous comprendrez vite la place qu'il occupe dans votre vie.

Le téléphone ne reste toutefois qu'un moyen de converser avec une personne éloignée. Cependant, pour vous, les qualités du téléphone ne sont pas sans mérite. Il s'avérera soit votre meilleur ami, soit votre pire ennemi. L'attitude que vous adopterez face à cet outil pourrait fortement influencer le degré de succès que vous obtiendrez.

La jeune génération a grandi avec le téléphone. Elle le tient pour acquis. Même les tout-petits l'utilisent comme l'outil naturel pour parler et écouter, comme ils se servent d'une cuillère pour manger. À sept ans, un enfant peut généralement composer lui-même un numéro. Au téléphone, il s'adressera à son interlocuteur sur le ton naturel qu'il emploierait si ce dernier était devant lui : « As-tu aimé le film ? », « Bonne fête », « Veux-tu jouer au ballon avec moi cet après-midi ? » Étudions de nouveau ces conversations, car elles représentent les trois usages que le vendeur peut faire du téléphone : information, relations publiques, obtention de rendez-vous. Si un enfant peut le faire, vous pouvez le faire vous aussi !

UN MOT SUR LA VENTE PAR TÉLÉPHONE

L'idée que presque tout peut se vendre par téléphone est aujourd'hui couramment admise, depuis le simple abonnement à une revue jusqu'à un produit ou à un service élaboré, abstrait ou même coûteux.

---

15 Freestone, J. et Brusse, J., *La Vente par téléphone : les 10 étapes du succès – Le guide pratique du vrai professionnel*, Éditions Agence d'Arc, Montréal, 1990, 63 p.

La loi de la moyenne

Si vous utilisez le téléphone pour prendre des rendez-vous, vous aurez assurément un certain succès. Il est impossible que tous les gens que vous contacterez refusent de vous voir. De même, tous ne pourront accepter de le faire. C'est ce que l'on appelle la loi de la moyenne. Donc, si vous obtenez un rendez-vous chaque fois que vous faites 2, 5 ou 10 appels, vous réussirez à obtenir un rendez-vous de plus si vous faites 2, 5 ou 10 appels supplémentaires.

Si la vente par téléphone signifie vendre un produit en utilisant cet outil, il n'en demeure pas moins que le téléphone peut être utilisé à d'autres fins :

- prendre les commandes de clients qui connaissent déjà votre produit ;
- appeler un ancien client afin de tester sa satisfaction face à un produit déjà vendu ;
- faire du démarchage téléphonique à froid pour présenter un produit ou un service ;
- prendre rendez-vous pour vous-même ou une personne qui présentera le produit soit à domicile, soit au bureau ;
- répondre à une réclamation du client ;
- réaliser un sondage sur les habitudes d'achat.

LES QUALITÉS DU VENDEUR PAR TÉLÉPHONE

Vendre par téléphone exige des capacités bien plus étendues que la simple maîtrise de l'appareil téléphonique. Vous êtes-vous déjà demandé quels talents particuliers sont souhaitables pour devenir un vendeur efficace par téléphone ?

Consultez la liste suivante et inscrivez-y, sur une échelle de 0 à 5, la cote qui correspond le plus à votre situation.

Qualité	Évaluation	Amélioration	Échéance
Savoir écouter efficacement	/5		
Poser les questions pertinentes	/5		
Adopter une attitude positive	/5		
Bien gérer son temps	/5		
Organiser et gérer son poste de travail de manière efficace	/5		
Connaître et utiliser les techniques de vente professionnelle	/5		
Établir et maintenir une relation de confiance	/5		

Si vous obtenez une cote de 0 à 3, vous avez besoin d'amélioration. Vous aurez ensuite à déterminer une date à laquelle vous devrez avoir progressé. À ce moment, refaites l'évaluation.

Évaluez votre comportement au téléphone

Un bon vendeur par téléphone doit aimer utiliser cet outil et se sentir à l'aise. Ceux qui ne l'aiment pas ou le redoutent ne doivent pas entreprendre une carrière de vente par téléphone. L'exercice suivant vous aidera à mieux connaître votre comportement dans différentes situations. Entourez la réponse qui correspond le mieux à votre attitude actuelle. Des instructions complémentaires figurent à la page suivante.

Combien de fois :	Jamais	Rare-ment	Parfois	Souvent	Toujours	Amélio-ration	Échéance
Pensez-vous à appeler un client sans le faire ?	1	2	3	4	5		
Décrochez-vous le combiné avec le sourire ?	5	4	3	2	1		
Un client vous a appelé et vous ne le rappelez pas ?	1	2	3	4	5		
Transmettez-vous une attitude positive ?	5	4	3	2	1		
Paraissez-vous ennuyé quand vous répondez à une question ?	1	2	3	4	5		
Obtenez-vous le même résultat que s'il s'agissait d'une rencontre personnelle ?	5	4	3	2	1		
Avez-vous respecté les étapes de la vente par téléphone d'une manière professionnelle ?	5	4	3	2	1		
Concluez-vous la conversation par une réflexion agréable et optimiste après avoir résumé l'objet de votre appel ?	5	4	3	2	1		

Si vous avez entouré un 3, 4 ou 5, vous devez améliorer votre technique. Cochez les cases correspondantes dans la colonne de droite. Elles vous indiquent les domaines où vous devez vraiment progresser. Nous vous recommandons de fixer une échéance à laquelle vous devrez avoir progressé. À cette date, refaites l'évaluation.

LES 8 ÉTAPES VERS LA RÉUSSITE

1. Prenez la bonne attitude.
2. Fixez-vous des objectifs.
3. Ayez une bonne connaissance de votre produit ou de votre service et de l'industrie dans laquelle vous œuvrez.
4. Organisez votre espace de travail.
5. Mettez votre message au point.
6. Posez les bonnes questions.
7. Préparez-vous à l'écoute.
8. Sachez répondre aux objections.

1. Prenez la bonne attitude.

La première étape de toute entreprise réussie est d'avoir une attitude positive et enthousiaste. Vous devez transmettre au client une image positive, professionnelle, et éliminer tout facteur qui pourrait avoir un impact négatif.

Voici quelques conseils utiles :

- *La détente*
  Faites-vous une image précise du client éventuel. C'est une personne qui répondra généralement de la même façon qu'on l'approche. Si vous êtes suffisamment préparé pour votre entrevue téléphonique et que vous connaissez votre affaire, il n'y a aucune raison d'être nerveux, hésitant ou sur la défensive.

- *Le ton*
Parlez clairement et distinctement tout en maintenant un ton léger. Parlez d'un ton naturel et utilisez des termes familiers pour tous. Parlez dans le récepteur. Donnez l'impression que vous êtes alerte et bien éveillé. Évitez la monotonie dans votre voix.

- *La satisfaction de votre image*
Même si personne ne vous voit quand vous faites un appel téléphonique, il est essentiel d'avoir l'air sûr de vous. Que vous exerciez ce métier à domicile, dans un bureau ou dans un cadre plus institutionnel, il est important que vous réussissiez à projeter la même image de vous-même que si vous vous présentiez en personne. Le soin de votre tenue se répercute sur votre comportement. Si vous êtes fier de votre apparence, vous dégagerez la confiance requise pour réussir la vente.

- *La personnalité*
Un client éventuel averti peut reconnaître votre personnalité, vos sentiments et votre humeur. Soyez amical, joyeux, serviable, courtois et enthousiaste. Convainquez-le, par votre voix, que vous êtes intéressant et qu'il vaut la peine de vous écouter.

- *L'attitude positive*
Comment développer une attitude positive ? Un large éventail de théories existe sur le sujet. Développer une attitude « je peux » est une des réponses à la question. Laissez tomber les pensées négatives et remplacez-les par des pensées « constructives ».

- *Le sourire dans votre voix*
Votre voix est l'instrument le plus puissant dont vous disposez pour projeter une attitude positive. Mettez-y un sourire et vous ferez passer une image plus chaleureuse. Certains vendeurs

travaillant par téléphone conseillent de poser un miroir près du téléphone pour vérifier que l'on n'oublie pas de sourire. Aussi étonnant que cela paraisse, votre voix trahit la tension de votre visage.

- *Le sourire*
Personne ne peut parler de façon désagréable avec le sourire aux lèvres. Souriez durant toute la conversation et surtout dans les moments difficiles. Le client éventuel ne verra pas votre sourire, mais il sentira que vous êtes de bonne humeur, détendu, et que vous ne le pressez pas. Il sera alors plus en mesure de se détendre lui-même et de vous accorder l'entrevue désirée.

Avant de parler, respirez profondément, détendez-vous et souriez. Si vous vous sentez frustré ou « à plat » après un appel, faites une pause. Ne procédez pas à un nouvel appel tant que vous n'avez pas repris le dessus. Votre voix révèle votre attitude. Dans ce métier, l'attitude que l'on projette est déterminante.

2. Fixez-vous des objectifs.

Avoir une attitude positive est un bon départ. Mais la réussite suppose également que vous connaissiez les objectifs et que vous mesuriez vos progrès. Pensez à un voyage en voiture. Si vous souhaitez, à un moment donné, calculer le chemin accompli, vous pouvez repérer le nom des villes que vous traversez et les localiser sur la carte. En mesurant ainsi votre progression, non seulement vous savez où vous en êtes, mais vous avez également une idée de la distance qui vous reste à parcourir. Voilà, vous savez tout sur la notion d'objectif.

Votre but premier est de devenir un vrai professionnel de la vente par téléphone. Mais, pour ce faire, il est nécessaire de définir ce vaste programme de façon plus spécifique afin de mesurer vos progrès. Ces cibles, précisément définies, sont appelées buts ou objectifs.

3. Ayez une bonne connaissance du produit ou du service et de l'industrie dans laquelle vous œuvrez.

L'étape suivante pour devenir un excellent professionnel est d'en savoir le plus possible sur le produit ou le service que vous vendez ainsi que sur celui de vos concurrents. Il vous faut pour cela une méthode systématique pour apprendre les caractéristiques et les bénéfices qui en découlent.

Les représentants ont l'avantage de pouvoir montrer des photos au client éventuel ou même de faire des démonstrations du produit concerné. Ils peuvent utiliser des outils de présentation ou encore présenter le produit lui-même. Vous ne disposez pas de ces moyens. Votre voix est votre seul bagage, et les mots vont se substituer au matériel utilisé pour la vente face à face. Pensez comment vous allez pouvoir utiliser les mots de façon efficace.

Une autre différence notable entre un vendeur par téléphone et un représentant réside dans le fait que ce dernier obtient généralement un rendez-vous et bénéficie d'un certain laps de temps pour présenter son produit. Votre travail est plus délicat.

Voici quelques conseils pour faire face à ce défi :

- Restez concis.
  Il est particulièrement important d'être concis au début de la communication, quand vous présentez l'objet de votre appel. Décrivez votre produit ou service de façon brève, simple et directe. Votre client se forgera une opinion de vous et de votre produit dès les 30 premières secondes. Il est essentiel d'obtenir rapidement une réaction. La pire chose que vous puissiez faire est d'insister lourdement alors que votre client n'est pas intéressé, n'écoute pas ou n'est pas la personne qui prendra la décision.
  Ultérieurement, au cours de votre conversation avec le client, vous aurez l'occasion de décrire le

produit ou le service plus en détail. Même alors, essayez de rester concis et soyez aussi précis que possible.

- Choisissez soigneusement vos mots.
Vous n'avez pas besoin d'un vocabulaire étendu pour communiquer de manière efficace. Cependant, il est important de réfléchir aux mots que vous avez choisis et de vous assurer que vous savez exactement ce qu'ils expriment. Utilisez des phrases simples, mais évitez les abréviations ou le jargon. Essayez de trouver des exemples vivants et colorés. Utilisez, chaque fois que c'est possible, le même langage que votre client. N'employez pas de mots ou de concepts que vous ne comprenez pas.

- Prenez conscience de votre ton.
Souvenez-vous que le vendeur par téléphone est privé d'un contact direct. Dès lors, décrire un produit ou un service suppose plus que de simples mots. Le ton de votre voix projette une image qui influencera définitivement la réaction de votre prospect.

4. Organisez votre espace de travail.

Vous connaissez maintenant l'importance d'une attitude positive. Vous vous êtes également fixé certains objectifs et vous savez décrire au mieux votre produit ou service. Vous êtes prêt à passer à la quatrième étape.

Il se peut que vous appréciiez un bureau net ou que vous travailliez mieux entouré de piles de dossiers. Cela n'est guère important. L'essentiel est de savoir organiser votre environnement.

Voici quelques éléments qui pourraient vous aider.

- Travaillez dans un espace où vous n'êtes pas dérangé par un bruit de fond.

- Réservez-vous du temps pour remettre en ordre votre espace de travail.

- Gardez une montre à proximité pour vous aider à respecter votre emploi du temps.

- Enregistrez l'information recueillie pendant les appels grâce à un matériel adapté.

- Classez l'information dont vous avez besoin pour le suivi des affaires.

Ce que vous devez retrouver sur votre bureau :
- un crayon ;
- un bloc-notes ;
- vos fiches-clients ;
- votre carnet de rendez-vous.

5. Mettez votre message au point.

Les meilleurs vendeurs par téléphone ne lisent pas un scénario préétabli. Une présentation qui semble enregistrée trahit l'amateur.

Même si ce que vous avez préparé est bien élaboré, vous devez avoir au moins un but précis pour chaque appel. Avant de composer votre numéro, vous devez savoir ce que vous allez dire. Décrire le produit n'est pas suffisant. Au cours de chaque appel, vous devez :

- vous présenter ;

- bien cadrer votre interlocuteur ;

- mettre en relation les caractéristiques et les points forts de votre produit ou service par rapport aux besoins de votre client ;

- être prêt à répondre à toute objection ;

- savoir à quel moment essayer de conclure la vente.

En supposant que vous n'utilisiez pas un scénario préétabli, il est important d'avoir à portée de la main des aides visuelles qui vous permettront de savoir où vous en êtes et qui vous aideront à vous souvenir des points clés pendant votre présentation ou à vous rappeler la bonne carte que vous avez jouée au cours d'un appel précédent.

Un seul appel suffit pour réaliser certaines ventes. Dans ce cas, les objectifs sont atteints dès le premier coup. En un seul appel, vous avez pris contact, expliqué votre produit ou service et conclu la vente. Mais plus souvent, la vente nécessite plusieurs appels.

Les difficultés éprouvées dans la vente par téléphone sont les mêmes que celles de n'importe quel représentant.

Après que vous avez défini le but de votre appel, une bonne chose à faire consiste à écrire ce que vous pouvez dire pendant cet appel.

Rappelez-vous qu'il ne s'agit pas de lire un scénario, mais plutôt de passer en revue, à l'avance, ce que vous allez dire afin d'avoir la situation bien en main à chaque appel.

Quoi que vous décidiez de dire, souvenez-vous que vous devez être bref. Si l'appel constitue votre premier contact avec une entreprise ou un individu, déclinez votre nom et autres renseignements nécessaires (c'est-à-dire le nom de votre entreprise, le nom de votre produit) pour permettre à votre interlocuteur de vous identifier rapidement. Soyez aimable, mais évitez de longues explications qui inciteraient votre interlocuteur à vous écarter. Gardez un ton chaleureux et assuré.

6. Posez les bonnes questions.

N'oubliez pas que les vendeurs les plus performants parlent moins que leurs clients. En règle générale : 30 % pour le vendeur, 70 % pour le client. La meilleure façon de faire parler votre interlocuteur, c'est de lui poser des questions pertinentes.

Il faut savoir que poser des questions est un élément important de la vente. Les questions détermineront les besoins du client. Après avoir défini les besoins de ce dernier, vous pouvez mettre au point un schéma vous permettant de faire la démonstration que votre produit ou service saura satisfaire ses besoins. Laisser le client s'exprimer l'engage dans le processus de vente ; cela aide à clarifier ce qu'il désire et introduit votre produit ou service dans son esprit.

Assurez-vous de poser vos questions de manière concise. Pour ce faire, nous vous conseillons :

- d'avoir en réserve des questions judicieuses, préparées à l'avance. Ne posez que celles qui sont en rapport avec le sujet ;
- de vous assurer de parler moins que votre client ;
- de poser vos questions tout en conversant (ne donnez pas l'impression que vous procédez à un interrogatoire) ;
- d'écouter attentivement les réponses données par le client ; elles généreront d'autres questions qui deviendront des sources d'information nouvelle.

Ce que vous essayez de définir, c'est ce que le client utilise actuellement et sa réaction vis-à-vis de ce produit ou de ce service. Les réponses obtenues vous permettent de savoir quelles caractéristiques de votre produit vous devez mettre en évidence.

7. Préparez-vous à l'écoute.

Un vendeur par téléphone pose le même genre de questions qu'un représentant. Obtenir des réponses et savoir les écouter sont deux choses plus délicates à traiter au téléphone, mais représentent une étape décisive pour devenir un vendeur par téléphone performant.

Lorsque vous posez des questions ou donnez des explications sur un produit, il se peut que le client éventuel ait également des questions à vous poser. Il peut aussi avoir à formuler des objections. Lorsque vous faites de la vente face à face, vous pouvez observer votre interlocuteur ; lorsqu'il fronce les sourcils, change de position, ne vous regarde plus ou se penche vers vous, cela vous indique la façon dont votre message est perçu. Vous pouvez donc l'ajuster en conséquence.

Dans la vente par téléphone, il n'y a pas d'indice non verbal. C'est à vous de créer les situations qui feront que votre écoute des réactions du client vous indiquera la bonne marche à suivre. Voici quelques idées pour vous aider à écouter le client et à obtenir les meilleurs résultats.

- Faites de nombreuses pauses. Toutes les deux phrases, arrêtez-vous de parler afin de susciter une réponse.
- Variez le rythme de vos commentaires de telle sorte que, lorsque vous ralentirez votre débit, il y ait une pause au cours de laquelle votre client pourra vous interrompre.
- Évitez d'interrompre le client lorsqu'il parle. Assurez-vous qu'il a fini d'exprimer sa pensée avant de reprendre la parole.
- Utilisez le silence comme un instrument. Bien que, pour certains, ce soit une technique difficile, il faudra laisser le client rompre le silence le premier. Ainsi, vous obtiendrez en retour une excellente source de renseignements.
- Posez des questions pertinentes, en laissant la porte ouverte à des réponses autres que « oui » ou « non ».
- Informez le client que vous avez bien entendu ce qu'il a dit avant de revenir sur le terrain de la vente. « Je vous écoute », « Je comprends » ou même « oui », peuvent être des indicateurs utiles.

Au cours d'une conversation téléphonique, vous avez besoin de faire un test d'écoute afin de vérifier que votre client éventuel est toujours attentif, par exemple : « Qu'est-ce que vous en pensez ? », « Est-ce que je m'exprime clairement ? », « Me suis-je bien fait comprendre ? »

Arrêtez-vous immédiatement si votre client vous interrompt. C'est vous qui dirigez la conversation, ne perdez pas de vue votre objectif.

8. Sachez répondre aux objections.

Ne serait-ce pas formidable si tous les gens que vous contactez sautaient sur l'occasion pour vous passer une grosse commande ? Certes, mais ce n'est pas très réaliste.

Les résistances, ou les objections, sont naturelles. Ce sont les inquiétudes exprimées par le client éventuel. Elles correspondent à quelque chose de réel ou encore il s'agit d'une feinte pour se débarrasser de vous. Dans un cas comme dans l'autre, elles sont importantes. Nous vous suggérons de revoir le début du chapitre 4.

LE CŒUR DU SUJET : L'APPEL

Après avoir terminé la préparation présentée jusqu'ici, vous êtes prêt à composer votre numéro. Votre premier obstacle à surmonter, c'est d'arriver jusqu'à la personne que vous voulez joindre lorsque celle-ci travaille en entreprise.

Ne perdez pas votre temps à vendre à quelqu'un qui n'est pas responsable des achats. La première chose à faire, c'est de franchir le barrage des « gardiens ». Ce « gardien » peut être une secrétaire, un collègue, le conjoint ou, dans le cas de certaines petites entreprises, un répondeur téléphonique.

Les quelques pages qui suivent vous guideront pas à pas tout au long du déroulement de l'entretien téléphonique.

Les stratégies pour atteindre votre objectif

Avant de décrocher leur combiné, les bons vendeurs ont toujours présents à l'esprit les points suivants, ceux qui feront de vous un vrai professionnel.

- Avant de téléphoner, ayez en tête un objectif bien précis. Qu'attendez-vous de cet appel, une commande ?

  Avant de faire un appel, définissez précisément votre objectif afin d'avoir le maximum de chances de réussir. Notez par écrit ce à quoi vous voulez parvenir avant de décrocher le combiné.

- Définissez une stratégie avant d'appeler.

  Posez-vous la question « Que sais-je de ce client éventuel ? À qui ai-je rendu service dans des activités similaires ? »

  Notez brièvement ces points afin de ramener la conversation sur le sujet au cas où celle-ci s'en éloignerait.

  Téléphonez à la secrétaire du patron si vous ne savez pas à qui vous adresser pour votre affaire. Dites-lui que vous avez besoin de son aide. Normalement, elle vous indiquera la bonne personne à contacter.

- Commencez la conversation par « bonjour, bonsoir ».

  Cela donne à votre interlocuteur un délai de réponse pour se mettre en situation d'écoute. Cela est aussi plus accrocheur qu'un simple « allô ! ».

- Citez votre nom et prénom et ceux de la personne que vous appelez.

  Ne dites pas « Jean Client est-il là ? » ou « Puis-je parler à Monsieur Client ? » La réceptionniste filtrera cet appel. Ne demandez pas votre client éventuel par son prénom, à moins que vous ne le connaissiez bien. Ne donnez pas non plus seulement le vôtre.

Dites simplement : « Bonjour. Paul Untel ; veuillez me passer Jean Client, je vous prie. » Énoncez-le comme un état de fait, non comme une question. Cette technique est efficace, car vous avez bousculé la routine de la réceptionniste : « Qui est à l'appareil ? De quelle société ? C'est à quel sujet ? » Vous découvrirez probablement qu'en appelant votre client éventuel de cette façon, vous n'aurez aucune difficulté à le joindre la plupart du temps.

Ne soyez pas évasif. Répondez simplement : « Nous devons discuter de votre programme d'achat. » La réceptionniste a besoin de dire quelque chose à votre client éventuel et tant que vous êtes aimable, vous avez de bonnes chances d'obtenir la communication. Évitez le « C'est personnel », usé jusqu'à la corde et qui peut contrarier votre client.

Ceux qui vendent du matériel technique peuvent être tentés de répondre aux questions de la réceptionniste par quelque chose comme : « C'est au sujet du 345T pour le IC à l'intérieur du rayon cathodique. » En d'autres termes, dites quelque chose de tellement technique que vous avez toutes les chances d'obtenir votre client sans plus de questions.

- Vous avez réussi à joindre votre client.
  Expliquez rapidement comment vous avez servi d'autres clients afin de susciter l'intérêt : « Nous avons fourni un service de qualité à (citez une entreprise particulière, si besoin est) et je pense que nous pourrions aussi vous être utile…

- Demandez l'autorisation de poser des questions.
  Ne commencez pas par poser des questions précises, demandez d'abord l'autorisation. C'est si rare que vous allez passer pour un vendeur exceptionnel. Demandez : « Afin de voir si nous pouvons vous être utiles, puis-je vous poser rapidement quelques questions ? »

- Évitez les « Comment allez-vous ? » et les « Vous ne me connaissez pas ».
  Ces deux phrases sont banales et usées. Elles ne font pas professionnel. Si vous avez l'impression que vous devez commencer votre conversation en expliquant que vous n'avez pas encore rencontré votre client, dites : « Nous ne nous sommes jamais rencontrés. » C'est plus direct, plus positif et ça exprime bien que vous voulez le voir.

Évitez de téléphoner avant de vous présenter

Un rendez-vous perd de son importance si vous promettez de téléphoner pour le confirmer avant de vous y présenter. Vous risquez de téléphoner au mauvais moment, et en général l'intérêt que vous avez d'abord éveillé aura disparu.

Il serait bien mieux de dire : « M. le client, je dois obtenir des rendez-vous fermes. Si je vous inscris pour vendredi midi, je sais que vous me préviendrez vers 10 h 00, en cas d'annulation. Est-ce que cet arrangement vous convient ? »

- Demandez si vous n'interrompez pas quelque chose d'urgent.
  Ne partez pas du principe que le client n'est pas occupé s'il répond au téléphone. S'il vous dit « Oui, je suis en réunion », demandez à quel moment le rappeler. Évitez les « Avez-vous une minute ? », « Sans doute êtes-vous plongé dans quelque chose d'important », etc.

- Commencez en citant un nom en référence ou par l'objet de votre appel.
  « Le but de mon appel est de discuter de la façon dont nous pourrions travailler ensemble dans le domaine de... »

  « Monsieur Abc a suggéré que je prenne contact avec vous. Il pensait que vous seriez intéressé par la façon dont nous avons aidé sa société à accroître ses bénéfices. »

- Utilisez le « peut-être ».

Pour commencer une discussion, des mots légèrement hésitants sont généralement meilleurs que des mots fermes. Dire « Je suis sûr que nous pourrions vous aider » est prétentieux, car le client pense alors « Comment pouvez-vous en être certain, vous ne savez rien de nous ? »

Un « peut-être », « pourrait » ou « peut » placé de façon stratégique montre que vous attendez de votre client qu'il vous parle de sa situation, de ses besoins ou de ses inquiétudes propres. Mais trop d'hésitations signifieraient que vous n'êtes pas sûr de vous, ou même incompétent. Utilisez un langage hésitant de façon judicieuse et stratégique.

- Assurez-vous que vous avez bien affaire à la personne qui décide.

Beaucoup de vendeurs perdent du temps à présenter leurs produits ou services au mauvais interlocuteur. Vérifiez dès le début qui est celui qui décidera d'acheter votre produit ou votre service. « Vous êtes bien celui qui prend la décision au sujet de l'achat de… , n'est-ce pas ? » Attendez la réponse. Si ce n'est pas la bonne personne, informez-vous de qui il s'agit, puis demandez à être mis en contact avec elle.

La vente et la conclusion

Lorsque vous serez rendu à ce point de votre entretien téléphonique, nous vous prions de vous reporter au chapitre 4, traitant de la fermeture de la vente.

CONCLUSION

À vous de jouer !

En introduction, nous affirmions que «... lire ce livre et en appliquer les principes feront en sorte que vous vendrez plus... et mieux ». Vous avez franchi la première des deux étapes : vous avez lu ce livre. Reste maintenant à en appliquer les principes. Vous avez sans doute déjà entendu que « la pratique vaut bien n'importe quelle théorie » ou que « la meilleure défensive, c'est l'offensive ». Ce livre vous a permis d'acquérir des connaissances que vous devrez maintenant mettre en pratique, alors allez de l'avant et faites-vous confiance.

Gardez en tête que le client est la personne la plus importante au monde et traitez-le en conséquence. Soyez enthousiaste et persévérant ; le succès est peut-être au prochain tournant. Ne cherchez pas d'excuses, mais trouvez des solutions.

Aux jours de tristesse, rappelez-vous cette histoire : « Un homme alla à la montagne et cria : La vie est méchante. L'écho lui répondit : ...chante, ...chante, ...chante. »

BIBLIOGRAPHIE

Baker, Richard, McCann et Phifer, *Salesmanship : Communication, Persuasion, Perception*, Boston, Allyn and Bacon, 1986, 422 p.

Blake, R., Mouton, R. et Srygley, S., *Les Deux Dimensions de la vente*, Les Éditions d'Organisation, 1971, p. 28.

Brouillette, P. et Leroux, G., *Vendre aux entreprises : la communication d'entreprise à entreprise*, Les Éditions TRANSCONTINENTAL inc., Montréal, 1992, 356 p.

Cash, H. C. et Crissy, W. J. E., *Communication in Selling*, Flushing, Personnel Development Associates, New York, 1966, 73 p.

Chaput, Jean-Marc, *Vivre c'est vendre, pourquoi et comment vendre ?*, Les Éditions de l'homme, Montréal, 1975, 191 p.

Darmon, R. Y., Laroche, M. et Petrov, J. V., *Le Marketing, fondements et applications*, McGraw Hill, 4ᵉ édition, 1990, p. 391.

Dubuc, Yvan, *La Passion du client : viser l'excellence du service*, collection *Entreprendre*, Fondation de l'Entrepreneurship et Les Éditions TRANSCONTINENTAL inc., Charlesbourg et Montréal, 1993, 200 p.

Freestone, J. et Brusse, J., *La Vente par téléphone : les 10 étapes du succès – Le guide pratique du vrai professionnel*, Éditions Agence d'Arc, Montréal, 1990, 63 p.

Geoffroy, E. K., et Seiwert, L. J., *Du temps en plus pour vendre plus : 200 conseils*, Les Éditions d'Organisation, Paris, 1991, 228 p.

Harteman, B. *Action commerciale*, nᵒ 9, mars 1983, p. 9.

Lascougiraud, A., *Savoir communiquer pour vendre plus : motivations, style personnel, langage, empathie, argumentation, persuasion, régulation, entretien de vente*, Performa, Paris, 1988, 131 p.

Lemire, R., *Méthodes et moyens de communication*, Recueil de notes, 1990.

Moulinier, R., *La Prospection commerciale en action*, Les Éditions d'Organisation, Paris, 1986, 174 p.

Nierenberg, G. et Gschwandtner, G., *Lisez dans vos clients à livre ouvert*, First, Paris, 1989, 273 p.

Nizard, G., *Convaincre : pour mieux communiquer dans les situations usuelles : conduire un entretien, vendre négocier, former*, Dunod, Paris, 1994, 172 p.

Pettersen, N. et Jacob, R., *Comprendre le comportement de l'individu au travail : schéma d'organisation*, Éditions Agence d'Arc, Montréal, 1992, p. 34.

Russell, F. A., Beach, F. H. et Burskirk R. H., *Selling : Principles and Practices*, McGraw Hill, 1988, 12ᵉ édition, p. 15.

Schramm, W. L., *The Science of Human Communication : New Directions and New Findings in Communication Research*, Basic Books, New York, 1963, 158 p.

Shook, R. L., *Les Dix Plus Grands Vendeurs*, Les éditions Un monde différent ltée, Montréal, 1981, 247 p.

Simon, P., *Le Ressourcement humain*, Éditions Agence d'Arc, Montréal, 1970, p. 321-323.

Swenson, C. A., *Selling to a Segmented Market: The Lifestyle Approach*, Quorum Books, New York., 1990, 177 p.

Weitz, B. A., « Effectiveness in sales Interactions : A Contingency Frame Work », *Journal of Marketing*, n° 45, hiver 1981, p. 85-103.

Whiting, P. H., *Les Cinq Grandes Règles de la vente*, Dunod, Paris, 1975, p. 32-35.

138

La Formation en entreprise
Un gage de performance
André Chamberland

21,95 $
152 pages, 1995

Virage local
Des initiatives pour relever le défi de l'emploi
Anne Fortin et Paul Prévost

24,95 $
275 pages, 1995

Des occasions d'affaires
101 idées pour entreprendre
Jean-Pierre Bégin et Danielle L'Heureux

19,95 $
184 pages, 1995

Comment gérer son fonds de roulement
Pour maximiser sa rentabilité
Régis Fortin

24,95 $
186 pages, 1995

Naviguer en affaires
La stratégie qui vous mènera à bon port !
Jacques P.M. Vallerand et Philip L. Grenon

24,95 $
208 pages, 1995

Des marchés à conquérir
Chine, Hong Kong, Taiwan et Singapour
Pierre R. Turcotte

29,95 $
300 pages, 1995

De l'idée à l'entreprise
La République du thé
Mel Ziegler, Patricia Ziegler et Bill Rosenzweig

29,95 $
364 pages, 1995

Entreprendre par le jeu
Un laboratoire pour l'entrepreneur en herbe
Pierre Corbeil

19,95 $
160 pages, 1995

Donnez du PEP à vos réunions
Pour une équipe performante
Rémy Gagné et Jean-Louis Langevin

19,95 $
128 pages, 1995

Marketing gagnant
Pour petit budget
Marc Chiasson

24,95 $
192 pages, 1995

Faites sonner la caisse !!!
Trucs et techniques pour la vente au détail
Alain Samson

24,95 $
216 pages, 1995

En affaires à la maison
Le patron, c'est vous !
Yvan Dubuc et Brigitte Van Coillie-Tremblay

26,95 $
344 pages, 1994

Le Marketing et la PME
L'option gagnante
Serge Carrier

29,95 $
346 pages, 1994

Développement économique
Clé de l'autonomie locale
Sous la direction de Marc-Urbain Proulx

29,95 $
368 pages, 1994

Mettre de l'ordre dans l'entreprise familiale
La relation famille et entreprise
Yvon G. Perreault

19,95 $
128 pages, 1994

Votre PME et le droit (2ᵉ édition)
Enr. ou inc., raison sociale, marque de commerce...
et le nouveau Code Civil
Michel A. Solis

19,95 $
136 pages, 1994

Pour des PME de classe mondiale
Recours à de nouvelles technologies
Sous la direction de Pierre-André Julien

29,95 $
256 pages, 1994

Famille en affaires
Pour en finir avec les chicanes
Alain Samson en collaboration avec Paul Dell'Aniello

24,95 $
192 pages, 1994

Comment trouver son idée d'entreprise (2ᵉ édition)
Découvrez les bons filons
Sylvie Laferté

19,95 $
160 pages, 1993

Profession : entrepreneur
Avez-vous le profil de l'emploi ?
Yvon Gasse et Aline D'Amours

19,95 $
140 pages, 1993

Entrepreneurship et développement local
Quand la population se prend en main
Paul Prévost

24,95 $
200 pages, 1993

L'Entreprise familiale (2ᵉ édition)
La relève, ça se prépare!
Yvon G. Perreault

24,95 $
292 pages, 1993

Le Crédit en entreprise
Pour une gestion efficace et dynamique
Pierre A. Douville

19,95 $
140 pages, 1993

La Passion du client
Viser l'excellence du service
Yvan Dubuc

19,95 $
210 pages, 1993

Entrepreneurship technologique
21 cas de PME à succès
Roger A. Blais et Jean-MarieToulouse

29,95 $
416 pages, 1992

Devenez entrepreneur (2ᵉ édition)
Pour un Québec plus entrepreneurial
Paul-A. Fortin

27,95 $
360 pages, 1992

Les Secrets de la croissance
4 défis pour l'entrepreneur
Sous la direction de Marcel Lafrance

19,95 $
272 pages, 1991

Correspondance d'affaires
Règles d'usage françaises et anglaises
et 85 lettres modèles
Brigitte Van Coillie-Tremblay, Micheline Bartlett
et Diane Forgues-Michaud

24,95 $
268 pages, 1991

Relancer son entreprise
Changer sans tout casser
Brigitte Van Coillie-Tremblay

24,95 $
162 pages, 1991

Autodiagnostic
L'outil de vérification de votre gestion
Pierre Levasseur, Corinne Bruley et Jean Picard

16,95 $
146 pages, 1991